做卓越的银行客户经理

实战营销 36课 第2版

巴伦一 著

图书在版编目（CIP）数据

做卓越的银行客户经理：实战营销36课/巴伦一著.—2版.—北京：北京联合出版公司，2016.7（2023.6重印）

ISBN 978-7-5502-7940-7

Ⅰ.①做… Ⅱ.①巴… Ⅲ.①商业银行－市场营销学 Ⅳ.①F830.33

中国版本图书馆 CIP 数据核字（2016）第138032号

做卓越的银行客户经理：实战营销36课

作　　者：巴伦一
出 品 人：赵红仕
选题策划：北京时代光华图书有限公司
责任编辑：丰雪飞
特约编辑：李燕子
封面设计：新艺书文化
版式设计：曾　放

北京联合出版公司出版
（北京市西城区德外大街83号楼9层　100088）
北京时代光华图书有限公司发行
北京晨旭印刷厂印刷　新华书店经销
字数 216 千字　787 毫米 × 1092 毫米　1/16　18 印张
2016 年 7 月第 1 版　2023 年 6 月第 6 次印刷
ISBN 978-7-5502-7940-7
定价：68.00元

版权所有，侵权必究
未经许可，不得以任何方式复制或抄袭本书部分或全部内容
本书若有质量问题，请与本社图书销售中心联系调换。电话：010-82894445

目 录

前言 //IX

再版说明 //XIV

第一章
先做人再做事,真诚营销自我

第1课 积极的心态——心态决定命运 //002
银行营销要有好心态 //002

不同的心态决定不同的人生 //004

第2课 似火的热情——热诚赢得一切 //009
热情是一种力量 //009

让热情升温 //011

第3课 诚实的信用——诚信是营销之本 //015
获得客户信赖的秘方 //015

大诚信,小技巧 //018

第4课 丰富的知识——知识就是力量 //020

行业基本知识 //021

职业辅助知识 //022

第5课 高超的技能——进入职业营销时代 //025

职业营销 //025

魔鬼营销 //028

第6课 良好的习惯——习惯就能成自然 //035

好习惯靠培养 //035

习惯引领工作 //038

第7课 稳定的情绪——喜怒哀乐进口袋 //042

自我情绪控制法 //043

不能打开的"潘多拉魔盒" //045

第二章
擦亮眼睛，寻找目标客户

第8课 用优选法确定目标客户——"嫌贫爱富"找对象 //052

择优选客户 //052

目标客户的选择分类 //057

批量获客 //059

第9课 用资料法查找目标客户——狂沙吹尽始见人 //063

巧用资料法，锁定新客户 //063

让"猎犬"找资料 //066

第10课 用陌生拜访法寻找目标客户——天涯何处无芳草 //068

揭开陌生拜访法的面纱 //068

从陌生到不陌生 //070

第11课 用缘故法介绍目标客户——一个好汉三个帮 //073

"缘故"助你找客源 //073

五种朋友不可少 //076

第12课 用关系法开发目标客户——连锁式营销 //078

连锁式开拓 //078

关系法运用四部曲 //080

第三章
搜寻情报，接近目标客户

第13课 收集客户情报——知己知彼，百战不殆 //084

个体情报 //084

团体情报 //088

第14课 制订访问计划——不打无准备之仗 //092

营销要打提前量 //092

有备才能无患 //093

第15课 约见目标客户——明朝有意抱琴来 //098

把握进入时机 //098

条条大路通客户 //100

第四章

善于倾听，智慧面议商谈

第16课 正式接触客户——套好近乎消戒心 //106

树立良好的第一印象 //106

寻找营销突破口 //108

第17课 善于沟通——心有灵犀一点通 //114

沟通无处不在 //114

成功经营别人 //117

第18课 认真倾听——成为忠实的听众 //122

"听"比"说"更重要 //122

五位一体倾听法 //125

第19课 巧妙问答——对话之中藏机锋 //128

问君能有几多愁 //128

有理不可直说 //132

第20课 介绍产品——快乐地与人分享 //136

推介产品服务功能 //136

让介绍"跳"出来 //138

第21课 场外公关——功夫在诗外 //150

妙用非正式沟通 //150

学会送礼 //153

第 22 课 提出提议——学会报盘 //157

　　设定底线与目标 //157

　　学会报盘 //159

第五章

春风化雨，巧妙处理异议

第 23 课 认识异议——营销从被拒绝开始 //164

　　客户向你说"不" //164

　　面对拒绝，态度先行 //166

第 24 课 辨别异议——识别庐山真面目 //169

　　客户异议的真相 //169

　　遇见"红灯"不要停 //172

第 25 课 冰释异议——随机应变总相宜 //176

　　异议处理的原则和模式 //176

　　处理客户异议有方法 //178

第六章

力争双赢，快乐达成交易

第 26 课 捕捉成交信号——该出手时就出手 //186

　　客户情绪变化八阶段 //186

　　识别客户购买信号 //188

第 27 课 讲究成交策略——兵来将挡,水来土掩 //191

基本成交法 //191

曲线助营销 //196

第 28 课 走出成交误区——柳暗花明又一村 //199

成交的误区与禁忌 //199

给客户面子,就是给自己面子 //202

第 29 课 签订合作协议——口说无凭,立字为据 //205

协议的构成 //205

撰写协议须谨慎 //206

第七章
服务无止境,重视客户维护

第 30 课 客户维护内容——超出客户的期望 //214

产品(服务)跟进维护 //214

关系维护 //218

第 31 课 客户维护方式——与客户一同成长 //223

维护客户基本方式 //223

七步处理客户投诉 //228

第 32 课 重点客户维护——营销中的"2∶8 定律" //232

"2∶8 定律"在银行 //232

重点客户维护 //234

第八章
永不止步,稳定提升业绩

第 33 课 特色营销——量体裁衣,度身定做 //238
特色营销六要点 //238

特色营销策略的运用 //241

扩大 AUM 值 //243

第 34 课 互联网营销——在网络大海里航行 //245
不可或缺的互联网营销 //245

互联网营销的意义 //249

善用微信营销 //250

第 35 课 创意营销——小小的改变,大大的不同 //256
颠覆传统才能取胜 //256

创意虽小力无穷 //257

第 36 课 团队营销——团结就是力量 //262
团队作战,协同销售 //262

攘外先安内 //268

后 记 //271

前 言

常言道:"善谋者得天下。"市场如战场,市场只钟情于智者,智者为尊、智者为胜、智者为王。在银行客户营销中,营销技巧就属于智慧之策、聪明之举。

达尔文曾经说过:"最有价值的知识是关于方法的知识。"美国教育学家贝斯特有言:"真正的教育就是对智慧的训练。经过训练的智慧乃是力量的源泉。"有效的方法对于成功是至关重要的。一个客户经理要想获得高人一等的业绩和丰厚的收入,秘诀就是提高营销技巧。

培训是提高营销技巧的有效途径之一。传统的培训方式叫"洗脑""充电",现代培训用三个新词——"变态""换脑"与"恶补"来形容。

"变态"是指通过培训调整心态,突破常态,改变状态。心态调整了,性格就会改变;性格改变,习惯就会改变;习惯改变,行为就会改变;行为改变,人生将为之改变。突破常态,就是不能按常理出牌,要善于创新,创新才有竞争力。改变状态,就是通过自身的积极努力,改变自己的业绩状态、财务状态与生活状态。

"换脑"是指通过培训转换思想。中国原来实行的是计划经济,现在实行的是社会主义市场经济；银行业原来是专业银行，现在是现代商业银行；银行员工原来是坐商，等客上门，现在是行商，必须主动走向市场进行营销。这就要求客户经理必须转换思想，以适应大环境的变化。

"恶补"是指集中时间、集中精力恶补最新的知识、技能和科技，迅速赶上时代的步伐。

学习力乃万力之源

学习力是万力之源，没有学习力，就没有竞争力，也就没有生产力。学习是一个人对自己最大最好的投资。学习有四个非常好的方法：

第一，把好的理念和观念大声朗读出来。记得小时候背唐诗，那时候只是死记硬背，根本不懂得里面讲的道理，但几十年过去了，那些句子依然刻在脑海里，这就是朗读记忆的特殊功能。

第二，把精辟的营销思想、精湛的营销技能与成功的营销案例用笔记的方式记下来。通过记录笔记可以刺激人的大脑皮层，加深记忆，并且便于以后查找使用。

第三，学习在于日积月累。"九尺之台，起于垒土"，一年365天，每天进步一点，学习掌握一个观念、记住一句要点，每月读十本书，一生就可以读万卷书，最后一定会取得很大的成效。

第四，学习要坚持复习与转化。通过对知识的消化、转化与深化，让学习的知识转化为自己的理念、方法、技能、业绩、模板与习惯。

行动力乃万力之本

　　行动力是营销的根本。说千遍不如干一遍,一万个大誓言顶不了一次小行动。如果不去营销、不去行动、不去执行,再好的知识、产品、服务和技能也不可能转化为生产力。成功不是偶然得来的,你必须立即行动,全力以赴!客户经理要给自己的营销行动设定时间节点目标:3个月内初变,即初见成效;6个月内大变,即大见成效;1年内巨变,即业绩倍增;2年内蜕变,即脱胎换骨。

表达力乃万力之魂

　　表达力,即沟通力,是万力之魂。银行的产品、服务和品牌,只有通过客户经理的介绍和解释说明,与客户进行高效的沟通,才能让客户理解、认同并接受。这一点从人们对营销的理解上就可以体现出来。

　　人们对营销的第一种理解是:征服男人,搞定女人。世界上的客户是由男客户和女客户组成的,如果把男客户征服了,把女客户搞定了,所有的客户也就都没问题了。但是,无论你要征服的是男客户还是女客户,如果没有真才实学和很好的表达能力,便很难搞定客户,最终都将以失败收场。

　　人们对营销的第二种理解是:把话说出去,把钱收回来。营销的"营"字含有两个"口",示意我们要把话说出去。但是话不投机半句多,所以还要把说出去的话说好,让客户信赖。营销的"销"字是"金"字旁,银行是做金钱生意的,通过客户经理的口碑、口才和表达力,帮助客户实现理财增值,银行的效益就提高了,客户经理的价值也就实现了。这个过程中最需要的就是客户经理的表达力。

人们对营销的第三种理解是：赢销，做"赢家"才能成功营销。做"赢家"要具备五大本领：第一，要具备危机管理的能力。"赢"字包含的"亡"字，提醒我们，营销、工作、生活，任何时候都只有两种选择——"进"和"退"，不进则退。"赢家"的第二个本领是善于造就口碑的能力。"赢"字包含的"口"字，提醒我们必须具备诚信管理与沟通管理的能力。"赢"字包含的"月"字，提醒我们要懂得、学会日积月累，坚持不懈地进行长期营销，也就是培养时间管理与意志管理的能力。"赢"字包含的"凡"字，提醒我们营销无小事，管理无小事，细节决定成败，即要培养精细管理的能力，要能够把平凡的事情做得精细，做得不平凡。"赢"字包含的"贝"，提醒我们要培养财富管理和价值创造能力，要学会为客户理财，为银行理财，为自己理财。

人们对营销的第四种理解是：视频、调频与同频。视频，即观察能力。在与客户的沟通中，能迅速观察到客户的性格特征、服装风格、饮食习惯、兴趣爱好、文化品位、谈吐能力，特别要识别出客户的关注点、兴奋点、爱好点与焦虑点。调频，即应变能力。通过视频对客户有了初步了解后，迅速调换频道，找到客户的关键诉求点，让自己的言行举止，特别是交谈的话题与客户保持一致。同频，即沟通能力。在调频之后，迅速调动自己储存的知识信息，与客户同频道交流，赢得客户的好感。同流方交流，交流方交友，交友方交心，交心成交易。

我是我国商业银行第一批走向市场的高级客户经理之一，从事营销工作长达 15 年，长期担任一家大型国有商业银行省级分行客户部门总经理，所带领的团队营销的存款、贷款和理财产品超过 6000 亿元。荣获中国农业银行"十大杰出客户经理""知识型员工标兵""优秀总行级内训

前　言

师""湖北省有突出贡献中青年专家"等荣誉。有担任 32 年银行讲师、培训场次 1000 多场、培训员工 100 多万人次的丰富教学经验；有担任 32 年银行高管的丰富经营管理经验；有从事银行工作 40 年的丰富金融工作经验；有出版发行 13 本营销专著、公开发表 158 篇金融论文的丰富写作经验。

本书是一本关于营销技巧和实战本领的独特著作，书中的 36 种营销技巧，可以说是招招鲜、招招灵，你可以利用其中任何一个技巧去开发一个又一个优良客户，并与之建立牢固和持久的战略合作关系，从而确保自己在令人激动和回报甚丰的商业银行市场营销领域干出一番成就，创建自己的事业。

一千个读者心中有一千个哈姆雷特，希望本书的 36 种营销技巧中，有你需要的那一种。

巴伦一

再版说明

自 2011 年作者第 13 本营销专著《做卓越的银行客户经理：实战营销 36 课》一书出版发行以来，深受广大读者喜爱。连续 5 年被当当网读者评为五星级图书，并荣获全国首届金融图书"金羊奖"。很多银行把此书作为客户经理培训教材，或把此书作为奖品送给员工；许多培训机构把此书作为礼物送给客户。5 年内，全球经济与金融都发生了巨大的变化。中国金融业也出现了 20 多种新业态：新金融、新市场、新领域、新行业、新客户、新体制、新机制、新转型、新法规、新渠道、新营销、新管理、新战略、新竞争、新监管、新团队、新文化、新技能、新风险、新科技等。为此，借此再版之际，作者对本书进行了三个方面的重大修改：增加了新知识，如 AUM 值、互联网＋；增加了新技能，如交叉营销、批量获客、公私联动等；增加了新案例，如公私联动、魔鬼营销等案例。

第一章
先做人再做事，真诚营销自我

客户首先认识的不是银行，也不是银行的产品和服务，而是客户经理。客户经理把自己销售出去，才能把所在银行销售出去，从而把银行的产品和服务销售出去。所以，营销自我是银行客户经理必须迈出的第一步。

第 1 课
积极的心态——心态决定命运

有些人一辈子活得很风光，要风得风，要雨得雨；有些人一辈子活得很糟糕，一事无成，潦倒落魄。为什么会有这么大的差距？心态是关键因素之一。每个人的心中都有一根天线，接收的是阳光，心态就会很积极；接收的是风雨，心态就会很悲观。心态影响着信念，信念影响着事业，事业影响着成功，成功反作用于心态。积极的心态往往能够帮助一个人获得成功与辉煌，消极的心态则会导致一个人失败与沉沦。

银行营销要有好心态

做营销难度非常大。很少有客户刚见面就对客户经理说"你来得正好，我这有 5000 万元存款，明天就打到你们银行的账上"，而是找各种理由拒绝，比如"不好意思，我已经在某家银行开户了"，"对不起，我与某家银行合作多年了"，等等。在这种情况下，如果客户经理没有积极良好的心态，就很难坚持下来获得成功。

有人说做营销最难的两件事是：把你口袋里的钞票放到我口袋里来，把我脑袋里的想法放到你脑袋里去。其实换四个字，把"你"换成"我"，把"我"换成"你"，把"来"换成"去"，把"去"换成"来"，最难的两件事就变成了最容易的两件事。

第一，把我口袋里的钞票放到你口袋里去。比如，"汪老板，您这500万放在我们银行，我通过理财可以把它变成505万，5万块钱是我们银行送给您的。"银行营销原来是拉存款，是在求客户，是乞讨式营销，客户找银行要贷款，是在求银行。现代的银行与客户是平等、双赢、互利、互惠的关系，不存在客户求银行，也不存在银行求客户，是"双赢式""多赢式"营销。银行贷款给客户，客户发展了，银行也获得了利息；银行的理财产品，为客户赚了钱，银行同时也可获得手续费收入。只有客户赚到钱了，银行才会收取合理的利润，这就是"好利润"。"好利润"是银行在为客户创造了价值的基础上收取的合理利润。

第二，把你脑袋里的想法放到我脑袋里来，客户经理的想法就是客户的需求。传统的银行是柜台有什么就卖什么，现代的银行是客户需要什么就创造什么。

事实上，不仅做营销需要好心态，做任何事情都需要有积极的态度。改变了心态，就改变了世界；改变了心态，就改变了命运；改变了心态，就改变了人生。在多年的营销工作中，客户给了我两个评价："阳光男孩""初恋般的感觉"。所以，对于客户经理来说，拥有良好的、积极的心态非常关键。要不断地接受正面的、阳光的信息，放大心中美好的一面。阳光心态，放大美好；面对提起，转身放下。你就会觉得豁然开朗，营销、生活和人生都非常美好。

不同的心态决定不同的人生

◎"享受论"心态：享受营销

所谓"享受论"心态，就是指享受营销、享受工作、享受生活。享受营销，可以使我们更加热爱自己的工作，更加积极主动、更加愉快地工作；享受营销，可以带给我们更多激情、更大动力；享受营销，可以激发我们更大的创造力，使我们的凝聚力更强大，意志力更持久；享受营销，可以结交更多的朋友，实现我们的理想，创建我们的品牌。

有些人觉得客户经理这个职业处处求人，时时低头，不光彩，不体面。这种观点是错误的，客户经理这个职业能够锻炼人的耐性、思维能力和行动能力，有很多益处：

第一，可以获得尊严和威望。营销工作为客户创造价值，促进金融社会化，是一种符合社会进步的金融理财模式，更是一种透过营销无形产品所做的对他人的服务，是一项很有尊严、名誉和受人尊敬的工作。作为从事这项工作的客户经理，不仅能够获得尊严和威望，还可以得到许多快乐。

第二，可以享受挑战和创新。市场营销是一份很有挑战性与创新性的工作，从事这份工作的客户经理有机会接触不同的行业、不同的客户、不同的市场，不仅要懂银行，更要懂客户、懂市场、懂经济、懂心理学，非常具有挑战性。

第三，可以实现成才和成功。从某种意义上讲，一个客户就是一门知识，一种产品就是一种技能。从事商业银行市场营销，发展空间非常大，可以学到很多东西，有很强的"获得"感，能获得在其他岗位很难体会的成就感和满足感。客户经理在市场营销活动中吸取的各种经验，都将成为将来晋升职位的砝码，发挥不可估量的作用。

第四，可以增加工资与奖金收入。在现代市场经济条件下，工资和奖金不是行长发的，而是自己挣的。现在银行业已进入了以业绩论英雄、凭贡献得报酬、按表现定去留的时代，客户经理完全可以通过努力，在为客户和银行创造价值的同时，增加收入，创造职业价值，并让自己和家人过上幸福安康的生活。

总之，客户经理这个职位的知识含量和报酬含量都很高。每一位客户经理都要摆正心态，学会享受营销、享受工作、享受生活。

◎"作为论"心态：有作为，才有地位

很多客户经理抱怨营销工作的环境差，比如，请客吃饭得自己掏钱、坐车没有交通补贴、其他部门不配合工作、做营销没地位更没滋味……其实，抱怨解决不了任何问题，只会增加自己的烦恼，关键是要做出业绩。也就是说，要想成功，就要有所作为。一个人有作为才能有地位，有地位才能有滋味，有滋味才能更有作为。

"作为论"需要新型职场精神做支撑。

新型职场精神

要死心塌地，不要三心二意；

要竭尽全力，不要量力而行；

要团队合作，不要孤军奋战。

首先，要死心塌地，不要三心二意。做营销就要死心塌地、执着和坚持，不要这山望着那山高。如果你不满足工作的现状，迫切地想要有所突破，那么就要先做好现在的工作。

其次，要竭尽全力，不要量力而行。要想在营销行业出人头地，一定要有拼命三郎的精神。一些人的口头禅是"我尽力了"，其实这还不够，你应该全力以赴、竭尽全力地对待每个营销任务。

最后，要团队合作，不要孤军奋战。早期的市场竞争不激烈，单兵作战也可以造就英雄。现代市场竞争十分残酷，单枪匹马不能解决问题，需要的是团队协作、集体作战，所以，良好的团队合作能力就变得尤为重要了。互相补充，共同发展；互相拆台，共同垮台。

◎"命运论"心态：信命不认命

所谓"命"，可以理解为人的"基因组合"。是男是女、是美丽还是丑陋，甚至有无遗传疾病，都是父母给的，是遗传基因，改变不了。所谓"运"，就是指人的运气。每个人的运气都不一样，有时运气好，有时运气差，这也是很难改变的。

面对这么多不能改变的事情，应该如何对待呢？悲观？失望？错，那样只会让自己的处境变得更加悲苦。正确的做法是，无论身处顺境还是逆境，都要保持快乐的心情，拥有"命运论"心态——信命不认命、知足不满足、看透不看破、自信不自大。

首先，信命不认命。无论命运如何，对于无法改变的事情，我们只好"信命"（相信命运的安排），但是不能"认命"（自暴自弃），而是要"造命"（创造命运）。比如，虽然生在平常百姓家，事业上得不到父母的助力，但可以通过自己的努力成为营销专家，让家人过上好日子，在自己的职业平台活出人生的精彩。

其次，知足不满足。知足者才能常乐，面对生活的现状，要懂得知足，然而在工作中，在营销事业中，客户经理一定要带着永不满足的精神，孜孜以求、不断进取、与时俱进，否则很容易被边缘化，继而被时代淘汰。

再者,看透不看破。客户经理要把客户和市场研究清楚,看透客户的需求,做到知己知彼、百战不殆。看透不等同于看破,看破市场就如同看破人生,在心里先放弃客户,对营销和客户无欲无求,那就永远没有营销的机会了。

最后,自信不自大。每个人都有自己的优势,每个银行都有自己的长处,所以客户经理要充满自信。天外有天,人外有人,客户经理在充满自信的同时也要谨防自大自满。

◎ 读书是改变命运的最大力量

读书好,书中自有黄金屋,书中自有颜如玉;好读书,客户经理要把读书变成一种习惯,每个月至少要读十本书;更要读好书,有选择性地读书,不能什么书都读。要知道,三年不学习,落后一代人;十年不是代沟,而是鸿沟。成功人士都知道学习的重要性,懂得通过学习改变自己的命运。同时,读书也已成为现代人的基本需求,不学开车就不会走路,不学电脑就不会写字,不上网就掌握不了最新的资讯。传统的吃喝玩乐必须变成现代的吃喝玩乐学,传统的衣食住行必须变成现代的衣食住行学,学习已成为现代人的基本需求。

◎ A + B + C + D + E……= 成功

关于成功,有这样一个公式:A + B + C + D + E……= 成功。比如,同是北京大学的本科毕业生,大家都具备一个A。小张通过学习,三年以后拿到了复旦大学硕士学位,多了一个B,又经过两年学习考下了注册会计师资格,多了一个C,接着拿了理财师资格,又多了一个D……在竞争中,筹码越多,竞争对手就越少,成功率就越高。每个人都要学会加法，活到老，学到老，不断通过学习来增加砝码，最终改变自己的命运。

世界上从来就没有什么救世主，更没有什么命中注定，一切全靠自己，命运掌握在自己手中。作为一个客户经理，要知道优质市场靠自己开拓、优质客户靠自己开发、金融产品靠自己营销、营销业绩靠自己提升、工资奖金靠自己挣得，相信在平凡的营销岗位上一样能做出不平凡的营销业绩。

TIPS

◆ 心态影响着信念，信念影响着事业，事业影响着成功，成功反作用于心态。积极的心态往往能够帮助一个人获得成功与辉煌，消极的心态则会导致一个人失败与沉沦。

◆ 享受营销，享受工作，享受生活。

◆ 在竞争中，筹码越多，竞争对手就越少，成功率就越高。每个人都要学会加法，活到老学到老，通过学习不断增加砝码，最终改变自己的命运。

第 2 课
似火的热情——热诚赢得一切

美国哲学家、散文家及诗人拉尔夫·沃尔多·爱默生说过:"没有热情,任何伟大的事业都不可能成功。"热情是人生中最伟大的力量,是世界上最大的财富,它的价值远远超过金钱与权势。无论从事什么事业,要想获得成功,首先需要的就是热情。对营销行业而言,热情尤为重要。

热情是一种力量

热情是一个人重要的财富之一,是一种积极的意识形态,能够使悲观的人变得乐观,使懒惰的人变得勤奋。对于客户经理来说,热情更是一种力量,可以使自己从失败走向成功。

◎ **热情是赢得营销事业成功的利器**

热情是营销成功与否的首要条件,诚挚的热情能融化客户的冷漠拒绝，使客户经理"克难制胜"。

从事营销行业，需要客户经理整日、整月，甚至整年地到处奔波，辛苦营销金融产品，仅是耗费的精力和体力就不是一般人所能承受的，再加上失败，甚至连连失败的打击，可想而知，是多么需要热情和活力。所以，客户经理不仅要锻炼健康的体魄，还要具备诚挚热情的性格，而且要充分用好热情这一制胜利器。

◎ 热情可以赢得客户

对于客户经理来说，热情是无往不利的。在营销过程中，客户经理必须自始至终地让客户体验并感受到这份热情，让客户觉得你是在帮助他，不是仅仅想赚他的钱。当客户觉得不接受你的产品就对不起你的热情时，你的营销也就成功了。

热情是会传染的，当客户经理用热情对待客户时，客户也会用热情来回报！

◎ 热情可以赢得朋友

热情可以帮助一个人结交很多朋友，也可以使陌生人微笑。当一群人都处在沉闷气氛中时，只要有一个热情的人加入，立即能使每个人笑逐颜开。

热情是自信的创造者，是胜利和成功的必需工具。热情可以使一个人更爱自己的事业、爱自己的工作，甚至爱一起工作的同事们，赢得更多的朋友。

让热情升温

营销是情绪的转移,是信心的传递,可以帮助客户经理赢得客户、赢得市场、赢得朋友。作为客户经理,没有热情就没有感染力,没有感染力就很难做好营销工作。

每个人的大脑皮层中都有一个"快乐中枢","快乐中枢"得到激活,人就会很阳光、很灿烂,眼中的世界就会变得美好。那么,如何激活"快乐中枢",拥有热情呢?建议大家不妨试试以下几种方法。

◎ 有爱心

爱具有无与伦比的力量,拥有热情的方法就是用全身心的爱迎接今天,用真诚的爱对待朋友,用豁达的爱迎接对手。

◎ 爱自己

爱,能够给人勇气和力量。对于客户经理来说,首先要懂得爱自己,珍惜自己的努力,才能拥有积极乐观的健康心态,而阳光自信的心态能够让人充满希望,增添克服困难的勇气,保持旺盛的斗志。

◎ 爱他人

爱是打开心灵之门的钥匙,是防御仇恨攻击的盾牌,是客户经理在市场营销中的护身符。和客户沟通的时候,客户经理要想办法用语言或者表情把真诚传达给客户,让客户从你的眼神、笑容和言语中感觉受到尊重。

◎ 真诚地赞美

客户经理要学会赞美对手,让对手成为自己的朋友;要学会鼓励朋友,让朋友成为自己的手足。总之,要记住一点——想尽办法赞美别人,千万不要说人长短。千好万好,赞美最好;千错万错,赞美没错。当你忍不住想批评别人的时候,尽快闭上嘴巴;当你想赞美别人的时候,要由衷地大声表达出来。

一个人的内心世界是掩盖不了的,客户经理一定要学会从内心真诚地喜欢客户,这样才能流露出愉悦的神色。人都有好恶,如果确实无法认同某位客户,偏偏他又是有潜力的优质客户,这时候客户经理就需要拿出职业精神,时刻告诫自己职业利益高于个人感情。在拜访客户之前要先改变心态,反复演练从内心真诚地感谢客户,否则很容易通过言行举止让客户觉察出反感和厌恶,造成商谈失败。我创造了一个营销专用词"PMP",即"拍马屁"。营销 = PMP+PMP,也就是说,营销的过程中,要让客户全程都非常高兴。客户高兴的时候,是最佳的营销成交时期。

小李是一家银行的客户经理,曾经成功"征服"了一个人见人烦的客户。最初约见的时候,这位客户总是让小李坐冷板凳,每次迟到半个小时以上。每次谈话时这位客户的态度都非常傲慢,不仅跷着二郎腿,脚尖还对着小李晃来晃去。这位客户的无礼让小李很反感,但是这位客户手中掌管着上百亿的存款,所以他压抑住自己的厌恶,硬着头皮和客户套近乎,联络感情。

起初,小李碰了很多次钉子,但他没有就此放弃,而是越挫越勇,下决心要啃下这块硬骨头。他经常约这位客户聊天、喝茶、吃饭,渐渐地,两人建立起了信任。最后,这位难缠的客户被小

第一章
先做人再做事，真诚营销自我

李的坚持不懈和真诚打动了，在小李工作的银行存款几十亿元。

小李表现出来的就是"爱你所干"的精神，他热爱自己的工作，热爱自己的职业，所以愿意付出热情，愿意承受打击，愿意改变自己的心态，最终赢得了客户的信赖。

◎ 培养自信心

客户经理要有自信心，也就是要对自己的产品有信心，这样才能在营销时充满热情。一个客户经理真正建立了信心，就会对自己的产品产生狂热的信仰，说出来的话才能让客户真正信服，最终达成交易。

在现实社会中，只有5%的人可以"干你所爱"，95%的人只能选择"爱你所干"，因为绝大多数人不能随便选择职业。对于客户经理而言，绝对不能今天心情好就去见客户，明天没睡好觉就不去做营销。遇到困难，要学会调整自己的心情，以积极健康的态度面对各种挫折和打击，勇往直前，永不言败。

◎ 加强目标管理

热情是一种能转变为行动的力量，它像螺旋桨一样驱使客户经理到达成功的彼岸，但这一切是以有一个决心要达到的目标为前提的。为了实现整体目标，客户经理必须对所有客户都进行有目的的访问。如果只是散漫、机械地接待或者拜访客户，恐怕连客户的名字都记不住，更不能看出客户的实际金融需求。

首先，在访问、接待客户之前，先要想象自己已经达成人生目标，并且正在享受的景象，然后下定决心说："为了达成人生目标，我必须充满热情，全力以赴地接待这位客户。"这么一来就能产生强烈的意识：

现在的满腔热情，完全是为了实现人生目标。

其次，每一次访问都要事先明确目的，同时努力达成。

最后，接待或拜访客户时，一定要抱着这样一种信念："客户肯定有解决不了的金融方面的问题，而我就是来为客户解决这些问题的。"当你抱着这样的心态和客户交流时，客户一定能感觉到你的诚意和热情。

总之，客户经理要时刻充满热情，快乐地迎接任务，才能取得最后的成功。

TIPS

◆ 热情是一个人重要的财富之一，是一种积极的意识形态，能够使悲观的人变得乐观，使懒惰的人变得勤奋。对于客户经理来说，热情更是一种力量，可以使自己从失败走向成功。

◆ 营销是情绪的转移，是信心的传递，可以帮助客户经理赢得客户、赢得市场、赢得朋友。作为客户经理，没有热情就没有感染力，没有感染力就很难做好营销工作。

◆ 接待或拜访客户时，一定要抱着这样一种信念："客户肯定有解决不了的金融方面的问题，而我就是来为客户解决这些问题的。"

第 3 课
诚实的信用——诚信是营销之本

诚信是做人之本,也是营销之本,是客户经理在金融市场通用的"万能信用卡"。"天下有德者居之",客户经理想在金融市场营销领域闯出一片新天地,做出一番事业,必须先有"德",这是取得客户信任的关键。

所谓"至诚不能动人,未之有也",客户经理的"德",主要指对客户的诚实信用。作为客户经理,要记住一句话:"先做人,后做事;先卖人品,后卖商品。"有了人品才有商品,把人做好才能做好事情。有德才能取得客户的信任,才能将金融产品营销出去,才能建立自己的人际关系,才能维系客户网络。

获得客户信赖的秘方

客户经理想要获得客户的信赖,除了要堂堂正正做人之外,还要牢记:说到做到,严守信用;遵纪守法,注重职业道德;千方百计给客户留下真诚的印象。

◎ 说到做到，严守信用

在当今竞争日趋激烈的市场条件下，信誉已成为影响营销成败的重要因素。信誉即信用和名声，是在长时间商品交换中形成的一种依赖关系，它反映出一个客户经理的综合素质和道德水平。对于客户经理来说，唯有守信，才能赢得信誉，才能在市场上立于不败之地，才能不被市场淘汰。

讲信用必须守承诺。对于银行营销来说，承诺不仅意味着明确的承诺内容，如合同、协议等文件，还有隐含的承诺。比如，客户经理向客户营销一个合格的金融产品，就意味着客户经理还承诺了对该产品的质量负责。对于客户经理来说，这两种承诺都是必须信守的。

做营销一定要谨慎承诺，不能盲目夸大，在做任何承诺之前，都必须要考虑周全。比如，有的客户经理说："王老板，你放心，你这5000万的存款放到我们银行，年收益率可以达到21%。"但是，扪心自问：你确实能履行自己许下的承诺吗？再比如，有的客户经理说："周老板，你放心，你这10个亿的贷款，我们银行3天就可以给你到账。"客户经理在夸下海口之前，是否考虑过这些问题：周老板的人品怎么样？企业的环保工作做得怎么样，环境影响评价能不能过关？这个项目国家能不能审批下来？很显然，客户经理这样的回答会把自己置于十分被动的境地，应该引以为戒。

◎ 遵纪守法，注重职业道德

有的客户经理为了取得客户的信任，不惜牺牲银行的利益，如无条件地降低贷款利率、提高存款利率、免收服务费等，甚至做出违反金融法规的行为，这是绝对不允许的。作为客户经理，必须严格遵纪守法，注重职业道德，并将之体现在言行举止中，贯穿于营销活动始终。只有这样，才能真正赢得客户的长久信赖，才能更好地为客户服务。

对于每个客户经理来说，客户就是财富，就是赖以生存的衣食父母，有了客户的存在，才有客户经理的存在，才有银行的存在。因此，客户经理对待每一位客户，都应当坚持"客户是银行的生存之本、发展之基和效益之源；客户就是上帝；客户至上，客户永远是对的；设身处地为客户着想；尽量给客户提供各种方便"的理念。

◎ 千方百计给客户留下真诚的印象

对于客户经理来说，第一次见面就给客户留下真诚的印象非常重要。要做到这一点，有四个方面需要注意：

第一，绝不要戴太阳眼镜。即便在日常生活中，戴着太阳眼镜和别人说话都是极不礼貌的行为，与客户见面时戴太阳眼镜显然是非常不合适的。

第二，要用眼神和客户交流。和客户说话的时候，一定要正视对方的眼睛；聆听的时候，要看着对方的嘴唇，否则客户会把你的心不在焉理解为不真诚或心中有鬼。

第三，集中注意力。在整个营销过程中，应当自始至终集中注意力。没有什么比谈话的一方在侃侃而谈，而另一方东张西望更无礼、更令人讨厌的了。

第四，态度真诚热情，绝不能表现出贪婪。贪婪很容易毁掉客户经理和银行的信誉，因为在利益上银行赚得太多，客户就不愿意再度合作。只有在双方都感到满意的情况下，才称得上是最好的合作。

大诚信，小技巧

做人要讲诚信，但是做营销工作又不能太"诚实"。如果客户经理任何事情都实话实说，就很难完成交易，甚至会陷入僵局。有时候，善意的谎言反而会促成营销。

一家银行公司业务部的万总经理通过朋友的介绍，结识了一位跨国公司的财务总监。这位财务总监为人十分谨慎，万总和他沟通了4个多月，打了很多次电话，他终于答应见面谈一谈。但两人约定见面的前一天晚上，万总接到另外一个老客户，一家大公司财务部长的电话，说他们公司需要10亿左右的项目融资，要求半个月内到账。要知道，这样的大项目必须经省分行开贷审会，再报总行行长审批，可这样一来，势必要推迟万总和那位跨国公司财务总监见面的时间。在这种情况下，万总有两种选择：

选择一：实话实说

第二天上午，万总给那位跨国公司财务总监打电话："总监好！不好意思，我上午要开贷审会，今天上午不能和你见面了，咱们下午或改天再约吧！"

大家都知道，第一次约客户见面最难。如果万总这样处理，很可能就永远失去了一个大客户。所以，万总选择了第二种方式。

选择二：善意的谎言

第二天上午，万总给跨国公司财务总监打电话："总监好！不好意思，我已经开车出发了，现在上了长江大桥，不过这会儿堵车堵得厉害！"财务总监说："没关系，万总，我知道最近长江大桥堵车很厉害。你慢点开，注意安全，我上午在办公室等你。"

万总开完贷审会后,派副手到北京向总行汇报,然后立即出发,于上午 11 点 10 分赶到了新客户那里,交上了金融服务方案。后来这位客户每年给这家银行创造的利润超过千万元,国际结算量每年超过 10 亿美元。

某些时候,善意的谎言能成就美好的愿望。比如,当身边的亲人患了重病,一般情况下,人们不会将真实病情告诉病患本人,这样会让病人看不到希望,会加速病情的恶化。当然,这里并不是在宣扬撒谎的好处,只是想告诉大家,在大诚信的基础上,在不伤害客户利益的前提下,换一种思路,采用一些小技巧,营销的胜算更大。

TIPS

◆ 作为客户经理,要记住一句话:"先做人,后做事;先卖人品,后卖商品。"有了人品才有商品,把人做好才能做好事情。有德才能取得客户的信任,才能将金融产品营销出去,才能建立自己的人际关系,才能维系客户网络。

◆ 客户经理想要取得客户的信赖,除了要堂堂正正做人之外,还要牢记:说到做到,严守信用;遵纪守法,注重职业道德;千方百计给客户留下真诚的印象。

◆ 在大诚信的基础上,在不伤害客户利益的前提下,换一种思路,采用一些小技巧,营销的胜算更大。

第 4 课
丰富的知识——知识就是力量

眼界决定境界,档次决定层次。眼界有多高,境界才有多高;档次有多高,层次才有多高。做营销工作就是要和人打交道,客户经理每天都要拜访各行各业的客户,进行沟通、洽谈和销售。与客户交流沟通就要有谈资,否则交流和沟通很难进行下去。

谈资就是谈话的资料,对于客户经理而言,从浅层次上说,就是与客户沟通交流时需要的资料和资源,也就是内容和知识。比如,银行业及本银行知识、金融产品(服务)知识、客户知识、社会经济知识、法律知识、心理学知识、财会知识等。从深层次上说,还意味着客户经理应具备良好的素质、修养、谈话的方法和技巧,并积累谈话的经验和经历。这就要求客户经理必须有广博的知识,丰富的想象力,自然大方的态度和幽默风趣的谈吐。

行业基本知识

◎ 所在银行情况

在营销前,客户经理首先要向客户介绍自己所在的银行,所以必须对本银行的情况了如指掌。银行的情况主要包括:发展历史、经营规模、经营方针、规章制度;在同行业中的地位;市场定位及经营战略和营销策略;在同业中的优势;金融产品种类和服务项目、定价策略、交付方式、交易条件及运用方式;等等。

掌握本银行的情况既是为了满足客户上述各方面的需求,让客户了解银行,又是为了使营销活动体现本银行的方针政策,达到本银行的整体目标。

银行的良好声誉可以减轻客户对陌生客户经理的疑虑,因为客户不认识你,但熟悉你所在的银行,但这并不意味着客户因此就会轻易接受你营销的产品。

不管客户经理代表的银行规模是大是小,客户之前可能从未与你所在的银行的任何人打过交道、做过业务,那么客户经理就成了客户与银行之间的唯一联络人。从这个意义上讲,客户经理就是银行——客户眼中的银行。作为银行一线员工的客户经理,不仅担负着营销产品、服务客户和研究市场的重要任务,还是银行形象传播的主要实施者。客户经理在营销服务中的一言一行,都在展示和代表着银行的具体形象,直接影响到客户对银行的认同度。

◎ 金融产品(服务)知识

成功营销的基础就是了解产品。客户经理必须全面了解客户需要的银行产品和服务、产品和服务的具体操作方式,以及产品和服务能给客户带来的好处，并比较其优势和劣势，此外，还要了解竞争对手的产品和服务。

现代营销的出发点在于利益，凭借三寸不烂之舌进行营销的时代已经一去不复返了，要想成功地打动客户，再好的口才也不及性能优越的产品。客户经理的责任就是将产品的优越性以最吸引人的方式展示给客户，因此客户经理至少要懂得四个知识点：第一，产品的功能，比如，这项产品是具有消费功能、支付功能，还是投资功能；第二，产品的好处，比如，贷记卡对客户有什么好处，网上银行对客户有什么利益点；第三，产品的流程，比如，承兑汇票怎么开，保函怎么开；第四，产品的扩展性，比如，银行的借记卡将与社保卡合二为一，成为居民唯一的身份证，今后有无限扩展的可能。

◎ **客户知识**

客户经理要善于分析和了解客户的特点，熟悉有关心理学、社会学、行为科学的知识；了解客户的购买动机、购买习惯、购买条件、购买决策等情况；了解客户的发展历史、体制变革、行为特征、经营管理、发展战略等综合情况；能针对不同客户的不同金融需求、不同心理状况，采取不同的营销对策。

职业辅助知识

作为一名银行客户经理，从事的是与"钱"和"人"有关的行业，除了本身的专业知识外，还需要时时充实自我，掌握一些基本的理财投资、经济的循环变动、税法、医疗保险等方面的知识，扩展自己的知识面，扮演好自己在社会生活中的角色。

◎ 社会经济知识

"钱"是经济活动的媒介，所以客户经理应该提升对各类经济现象的敏感度。

市场是银行客户经理活动的舞台，了解市场运行的基本原理、基本规律和市场营销活动的方法，是银行客户经理成败的重要条件。市场营销活动涉及各种各样的主体和客体，这就要求客户经理成为"博士"，即成为博学多才的人士，有很宽的知识面，不仅要了解经济、会计、人文、市场营销等知识，还应对天文地理、风土人情、政治军事，甚至娱乐美食、逸闻趣事等都有所涉猎。

客户经理对各种知识既要广泛涉猎，又要有专攻，做到博学和专业有机统一，以综合、高效、专业的知识结构体现自身的综合素质。

◎ 法律知识

每当客户经理做成一笔交易，签成一笔合约，从法律上讲，银行和企业双方就同时承担起了相应的权利和义务，双方当事人也就产生了法律关系。作为客户经理，要了解这笔交易是否具有法律效力的原则界限、签订合同的基本原则、签订合同的程序、合同的主要内容、合同的变更和解除程序、违约的责任及其认定、合同的鉴定和公证、代理与担保，以及发生纠纷时仲裁和诉讼的基本程序，等等。此外，还要了解税法、有关银行信贷和票据管理的法律规定，甚至对外贸易法律，等等。

现代社会是法治社会，在市场经济条件下从事一切经营活动都必须严格依法办事。因此，银行对客户经理的法律知识要求也越来越高，不仅要全面了解，熟练运用金融法律、法规，还要熟悉各种行政法规、经济法规、社会法规，依法操作、按章办事、合法经营，凭借法律武器维护本银行的正当权益，保障客户的合法权益，同时也保护自己的安全，防范各种金融风险。

◎ 财会知识

银行客户经理在向客户营销金融产品和服务时，运用最多的就是财务和信用状况分析知识，这不仅关系到能否为客户设计更合理、更优化的理财方案，赢得客户的信赖，还直接影响到银行的风险管理，特别是风险预警水平，关系到银行的金融安全与效益。因此，银行客户经理必须具备专业的财会及信用分析知识。

TIPS

◆ 谈资就是谈话的资料，对于客户经理而言，从浅层次上说，就是和客户沟通交流时需要的资料和资源，也就是内容和知识。比如，银行业及本银行知识、金融产品（服务）知识、客户知识、社会经济知识、法律知识、心理学知识、财会知识等。从深层次上说，还意味着客户经理应具备良好的素质、修养、谈话的方法和技巧，并积累谈话的经验。

◆ 客户经理在营销活动中的一言一行，都在展示和代表着银行的具体形象，直接影响到客户对银行的认同度。

◆ 客户经理从事的是与"钱"和"人"有关的行业，除了本身的专业知识外，还需要时时充实自我，掌握一些基本的理财投资、经济的循环变动、税法、医疗保险等方面的知识，扩展自己的知识层面，扮演好自己在社会生活中的角色。

第 5 课
高超的技能——进入职业营销时代

市场经济越发达,社会分工就越细,社会需求就越多样化、个性化,银行和客户对客户经理的要求就越高。客户经理仅仅拥有丰富的知识和正确的态度远远不够,还必须具备高超的专业营销技能。

职业营销

从事职业营销,需要客户经理具备较高的职业素养,除了具有智商、情商外,还要具有"职商",即拥有一技之长。会开车叫一技,把车开好叫一技之长;会说话叫一技,客户经理把话说好,让客户听着舒服,得到客户的喜欢和信任也叫一技之长。职商决定竞争力。作为银行客户经理,需要掌握市场营销方面的基本专业技能,比如推销自我的技能、组织管理技能、社交活动技能、信息收集技能、市场调研技能、商谈技能、产品推介技能、处理拒绝的技能等。客户经理只有学习、体会、演练这些技能,才能真正实现职业营销目标。

◎ 洞察能力

客户经理的洞察力,主要是指通过客户的外在表现了解客户购买心理的能力。人的任何行为表现都与内心活动有关联,反映着内心活动的一个侧面,因此客户经理可以从客户的行为中发现许多反映客户内心购买活动的信息。

做营销最忌讳三个词:视而不见、听而不闻、察而不觉。视而不见,是指看见什么都没有感觉,麻木不仁,如看见贵宾客户像没看见一样,不打招呼;听而不闻,是指知道一个客户来了一笔资金,或者大客户要来投资,却没有反应,没有条件反射;察而不觉,是指观察到了,但是没有立即采取行动,如客户有些不耐烦,你察觉到了,却没有停下来,继续滔滔不绝地推销产品。

要做到视而有见、听而有闻、察而有觉,必须反应、意识和行动都要快人一步,而前提就是提高洞察能力。

要提高洞察能力,首先必须从提高观察的质量入手。影响客户经理观察质量的要素主要有三个:一是知识,二是方式,三是目的。

知识是观察客户、理解客户的基础。客户经理具有的知识越丰富,对客户的观察就会越深入、越周全。例如,掌握心理学知识的客户经理,能较快地通过客户的语言、动作和情绪,了解客户的意图和需求。

科学的观察方式。一位优秀的客户经理,不仅善解人意,而且很敏感,能够准确地从客户的言行举止中窥见其思想状况和内在意图。比如,客户看手表,代表客户对你有意见或者真的很忙,又或者是在向你炫耀他名贵的手表;客户声音突然提高或者突然降低,又或者突然转身对别人讲话,说明他不想继续和你交谈。客户经理应该及时捕捉到这些信号,并做出相应的反应。比如:"王老板,您先忙吧!我改日再来拜访您!""王老板,您带的是瑞士手表吧,好精致,好有档次啊！我还是第一次见到这么名贵的手表呢！"

实现营销的目的是观察客户的内在动力。只有目的明确，实现目标的愿望才会强烈，对客户的观察也就更细致。

◎ 社交能力

社交能力是衡量一个客户经理能否适应现代社会和做好本职工作的重要标准。从事营销工作的银行客户经理必须具备较强的社交能力，在任何场合都能应付自如、相机行事。

在与客户洽谈的过程中，往往有些问题在正式的谈判场合无法得到解决，而在社交场合却能得到圆满解决。从某种意义上说，客户经理应该是社会活动家，视整个社会为自己工作的天地，善于与各界人士建立亲密的交往关系，而且必须懂得各种社交礼仪。

善于交际除了要具有经验和阅历外，还要拥有大量的信息，善于寻找双方都感兴趣的话题。客户经理不应只满足于给对方留下热情非凡的印象，一面之缘后便杳无音信、再无来往，而应该做到和每一个新结识的朋友保持联络，不断巩固关系。

◎ 应变能力

社会环境是不断变化的，每个因素的变化都会对银行和金融产品产生或多或少的影响。社会环境的复杂性和银行面临情况的多变性，决定了客户经理的营销活动不可能永远一帆风顺。这就要求客户经理必须具备适应变化的能力和技巧：在顺利发展时，要注意保持稳定，营销工作走上更高层次，开创市场营销的新局面；遇到障碍时，应保持头脑清醒，想方设法寻求解决的办法，克服障碍，继续向前；当自身利益受到损害时，更要临危不乱，尽快找到补救措施，反败为胜。

随机应变没有什么定式，主要原则就是在突发事件面前沉着应对，抓住有利因素，避开和化解不利因素，使意外事件不但不影响成交，还能促成交易。

◎ 狼性基因

要想成为一个优秀的客户经理，还要具备狼性基因，即具有敏锐的嗅觉、坚韧不拔的毅力和杰出的团队精神。

首先，要具有敏锐的嗅觉。客户经理的嗅觉一定要灵敏，一听到客户的消息、银行的消息或者市场的消息，立刻和自己的实际工作结合起来。从各种渠道得到一些信息后，立刻考虑这条信息是否可以加以利用，并迅速采取行动。

其次，要具有坚韧不拔的毅力。狼性的精神就是坚韧不拔、从不言难、永不言败，为了生存，无论遇到任何困难，都要坚持下去。做营销也是一样，坚持才能胜利，特别是在面对客户的拒绝时，只有不抛弃、不放弃，才能最终赢得客户。

最后，要具有杰出的团队精神。团结就是力量，百兽之王老虎遇见狼群也会选择逃跑，因为狼群的战斗力是惊人的。客户经理要学习狼群的团队精神，一个银行网点的所有客户经理要团结起来，各司其职，互帮互助，用一个团队来营销一个客户，成功的概率就会大得多。

魔鬼营销

◎ 魔鬼精神

营销中的魔鬼精神就是指被客户拒绝五次之后，客户经理还能坚持营销。经过调查表明，客户经理以及柜台员工面对客户拒绝时，

44%的人在第一次被客户拒绝后放弃，22%的人在被客户第二次拒绝后放弃，14%的人在被客户第三次拒绝后放弃，12%的人在被客户第四次拒绝后放弃。高达92%的客户经理不能坚持到第五次，最后只有8%的客户经理坚持了下来，他们营销的业绩占到总体业绩的60%～80%。

客户经理要想成为成功人士，开创事业，创造财富，就必须具有魔鬼精神，具有钢铁般的意志。只要出去营销，就是赚：一是赚钱，为客户创造价值、为银行创造价值、为自己创造价值；二是赚朋友，没有赚到钱没有关系，可以赚到朋友，认识了一些客户，为以后的营销工作打下了基础；三是赚教训，既没有赚到钱又没有赚到朋友也没有关系，可以赚到教训，"吃一堑长一智"，总结提高自己。客户拒绝并不等于营销失败；报怨不解决任何问题，只会增加自己的烦恼；任何问题都是有解决方案的，任何客户都是可以搞定的；除了生死，其他都是小事；坚持就是胜利，但必须把握两个条件：找准方向，弯道超车。

◎ 魔鬼定律

所谓"魔鬼定律"，是指通过营销让客户使用银行五种以上的产品或服务。

为什么要五种以上？因为这种使用多种金融产品、服务的价值链营销可以帮客户实现价值，从而锁定客户，增加客户的转移成本，增强客户的依存度。所谓"转移成本"就是当一个客户使用一家银行多种产品后，理财增值越多，得到的优惠越多，办理业务的方便程度就越高，对一家银行的依存度也越高。如果再换一家新银行，客户的转移成本（包括财务转移成本、时间转移成本和情感转移成本）就会提高。实践证明，如果一个客户使用银行一种产品时，客户流失率高达

62%；客户使用银行两种产品时，客户流失率是52%；客户使用银行三种产品时，客户流失率是42%；而客户使用银行5个以上产品后，客户流失率仅为12%，留存率高达88%。

情景：银行审批通过陈女士申请贷款3000万元。该客户经营已达10年，总资产5.2亿元，在全国开分公司15家，员工918人。

客户经理小李在与这个客户面签贷款合同时进行价值营销，一次性卖出了5个以上的金融产品。

小李："陈老板，您好！很高兴我们又见面了。您是我们市里女企业家的形象代表吧？！太有风范了！"

陈老板："是吗？谢谢！"陈老板很开心。

小李："陈老板，您在我们银行申请贷款3000万元，10天时间就审批下来了，恭喜您已经成为我们的优良客户了。您知道贷款为什么审批得这么快吗？"

陈老板："真是太好了！肯定是你们银行办事效率高呗！"陈老板说。

小李："是的。那是必须的！还有个重要原因，陈老板，您的企业财务管理非常规范。想不到陈老板不仅人长得这么漂亮，而且财务管理也做得这么好！我今后要好好向您学习财务管理知识。"

陈老板："哪里哪里！李经理太谦虚了，我们互相学习。"

小李："陈老板，您的皮肤为什么保养得这么好啊，用的什么化妆品？我也好为我们的贵宾客户推荐一下。"

陈老板："哈哈！我很少用化妆品！"陈老板开心极了。

（营销第一步：赞美客户。小李赞美客户是三连拍，让客户全程高兴。客户高兴的时候是最佳营销时机。)

小李:"陈老板,您做企业超过10年了,很不容易吧!我看您与9个合作企业合作时间都超过5年以上了。他们又都在本地。在您方便的时候,您做东,我买单,让您的合作伙伴在一起聚聚。您看行吗?"

陈老板:"是啊!做企业家太不容易了!你这个主意好!我也是要好好答谢这些伙伴了。时间定了,我再告诉你。"

(营销第二步:营销上下游合作商。营销方式:通过客户转推介,取得了1+9=10的批量获客成果。)

小李:"陈老板,您的这笔贷款是要到两个企业购买原材料。按照银监会的规定,大额贷款资金必须进行受托支付。这个您是知道的。您看这两个企业也在本地,建议您给两个企业老板打个招呼,也到我们银行开户,这样您的资金管理就更加方便了。"

陈老板:"这个好说。我明天就打电话。"

(营销第三步:贷款交易对象的营销。营销方式:通过客户转推介,取得了1+9+2=12的批量获客成果。)

小李:"陈老板,去年,您开了15家分公司。今年又新开了几家?"

陈老板:"今年又开了4家。"

小李:"陈老板真是太厉害了,经济下行期,企业还经营管理得这么好。您的分公司总数已达到19家,建议您为企业建立一套资金集中管理系统。世界500强企业管理的一个重要经验,事权可以分散,财权必须集中。我们银行有一个现金管理平台(或者推荐企业超级网银),可以帮助您的企业实现资金管理四个零:账户的零余额(所有分公司账户资金集中到总部)、资金的零在途（实时到账）、管理的零距离（坐在办公室里指挥全国）、控制的零风险（银行为企业建立资金安全高速公路）。"

陈老板："是吗？！李经理推荐的这个资金管理系统真是太适合我们企业了。你们安排人下周给我们装上吧！"

小李："陈老板接受新知识的能力太强了！不过请您先别着急。你们不是马上要开财务人员会议吗？我们为你们做一个免费的培训。先选择两个分公司试用。如果您觉得安全放心了，我们再全部使用。您看行不行？"

陈老板："好的！好的！你们真是考虑得太周全了！"

（营销第四步：企业资金管理系统建立。营销的产品：现金管理或超级网银。产品的买点：四个零。营销的方式：免费培训，体验营销。）

小李："陈老板，您最近看新闻了没有？深圳恒泰裕工业园山体滑坡，许多企业与老百姓的房屋都被冲走了。好惨啊！"

陈老板："是啊，这些企业老板的资产一下子全没了！"

小李："您企业在山脚下，为防止山洪灾害，我建议您办个财产保险，只用花少量的钱就可以保几亿元的资产安全。中国的许多企业家有个误区，企业财产与家庭资产没有建立防火墙（购买财产保险）。企业一旦出现问题直接影响家庭生活。建议您的企业通过我们银行代理来投保。企业通过银行代理投保有三大好处：保障好、费率低、服务优。因为我们银行对保险公司有话语权，比单个企业去投保效果更好。我们为您的企业定制一个代理保险方案，下周送给您看看。"

陈老板："你这个建议很好，我会考虑的。"

（营销第五步：企业代理保险营销。营销方式：痛点营销与优惠营销。）

小李："陈老板，听说您企业员工工资是由G银行代发的，你们真会利用银行来帮员工理财啊！"

陈老板："是的。"

小李："陈老板，如果由我们银行来为你们企业代发员工工资，能享受服务优惠、服务优先、服务优质三大好处。而且你们企业员工70%以上是80后和90后，大都有购买住房的需求。而我们银行可为你们员工按揭贷款，提供'四优一联'服务：优先受理、优先提供额度、优惠利率、优惠成数、联系优质开发商团购。这样吧，我们将这套员工金融服务方案送给您，请安排工会人员征求员工意见，我们下次再谈，您看好吗？"

陈老板："好的。"

（营销第六步：企业员工代发工资营销。营销方式：公私联动营销、价值营销与差异化营销。）

小李："陈老板，您做生意经常需要短期资金吗？"

陈老板："对啊。"

小李："那我建议您办个贷记卡，我可以给您办授信额度50万元，有56天的免息期，很节约成本。在此基础上，您最好再办一个贵宾卡。"

陈老板："办贵宾卡有什么好处呢？"

小李："这样就可以自动还款，您以后来银行办业务还可以走我们的贵宾通道，去机场有贵宾通道，到火车站有贵宾窗口，到医院看病也能享受专家预约挂号服务，还可以参加我们的财富管理俱乐部！如果累计积分高，还可享受超千万额度的交通意外保险保障服务呢！"

陈老板："你们银行的贵宾卡还真是好啊！那你帮我办一张吧！"

（营销第七步：企业老板信用卡与贵宾卡的营销。营销方式：交叉营销，服务营销。）

在上述情景中，客户经理小李在与客户的商谈中，不断地挖掘客户需求，紧跟客户需求，然后站在客户的角度，选择能满足客户需求的金融产品与服务进行对接营销，让客户觉得这些金融产品适合自己，既没有引起客户的反感情绪，又合理、自然地把产品卖了出去，以后维护起来也会比较方便。不过在实际营销商谈工作中，对于没有丰富经验的客户经理，建议一次性选择一至三个产品来营销，逐步地扩大交叉营销的产品数量。

TIPS

◆ 做营销最忌讳三个词：视而不见、听而不闻、察而不觉。要做到视而有见、听而有闻、察而有觉，必须反应，意识和行动都要快人一步。

◆ 要想成为一个优秀的客户经理，还要具备狼性基因，即具有敏锐的嗅觉、坚韧不拔的毅力和杰出的团队精神。

◆ 魔鬼精神就是指被客户拒绝五次之后，客户经理还能坚持营销。经过调查表明，面对客户的拒绝，高达92%的客户经理不能坚持到第五次，只有8%的客户经理坚持了下来，他们营销的业绩占到总体业绩的60%～80%。

◆ 当一个客户使用一家银行多种产品后，理财增值便越多，得到的优惠越多，办理业务的方便程度就越高，对一家银行的依存度也越高。实践证明，如果一个客户使用银行5个以上产品后，客户流失率仅为12%，留存率高达88%。

第 6 课
良好的习惯——习惯就能成自然

美国成功学大师拿破仑·希尔说:"习惯能够成就一个人,也能毁掉一个人。"习惯会对一个人产生非常大的影响。有的客户经理总是不能摆脱失败的困境,总感到工作没有头绪,原因不在于他的能力有多差,而是没有好的习惯。业绩突出的客户经理虽然个人习惯也不尽相同,但都有共同的特点,那就是善于纠正自己的陋习,懂得用真正有助于提高效率的习惯完善自己。

为了在客户面前展现最好的一面,客户经理在日常生活中应该注意培养良好的工作习惯,改掉坏毛病和不良行为。

好习惯靠培养

人们常说"台上一分钟,台下十年功"。习惯的培养是一个长期的过程,科学研究表明,培养一个好习惯最少需要 21 天,而每摆脱一个旧习惯,都是在养成一个新习惯。

想养成好习惯，首先要做的就是约束自己，训练自己，直到将工作程序变成一种习惯。没有什么是训练做不到的，也没有什么是训练所不能达成的。训练能化野性为驯良，变粗野为柔和，将凡人变成天使。

作为客户经理，应该养成哪些好习惯呢？

◎ 创新思考的习惯

"行成于思"，思考的力量是伟大的。所有的计划、目标、行动和成就，都是思考的产物。客户经理要想做出一番非凡的业绩，必须善于思考，多向自己提问，知其然，还要知其所以然，在对问题究根问底的过程中培养自己的立体思维、系统思维、反向思维、同理思维和颠覆性思维。唯有如此，才会不断进步，不断取得成功。

思考不是一件简单的事情，优秀的客户经理都有良好的思考方式，一般来说可以分为五种：

一是专注，就是聚精会神地思考。客户经理没有专注的本领是不行的，只有专注才能集聚主要力量、勇气和智慧等开发和维护客户，才能取得好业绩。

二是重点，就是重点思维。没有重点，等于没有主攻目标，就会出现"眉毛胡子一把抓"的问题。

三是敢想，就是敢于思考。成功是想出来的，敢想才能敢干。

四是会想，也就是善于思考。会想才能巧成，客户经理要善于思考，把别人难以办成的事办成，把自己本来以为办不成的事办成。

五是创新，就是创新思考。用不同的方法开发客户，用不同的策略占领市场，用不同的对策应对竞争，用不同的工作挑战自我，这就是最大的创新。

◎ 学以致用与用以致学的习惯

成功的人千千万，在他们成功的道路上总离不开学习——努力学习、终生学习。学习的目的不仅仅在于对知识的积累，更重要的是学以致用。同时，客户经理还要十分注重用以致学，即在干中学，带着问题学，将实践问题上升为理论问题进行研究，从而在繁杂中求规律，在平淡中求新意。

客户经理从事的是知识密集型工作，如果放弃学习，不思进取，躺在过去的功劳簿上睡大觉，迟早会被淘汰。优秀的客户经理应该以开放的胸襟吸收新知，跟上时代的步伐，适应新形势，不断丰富自己的营销知识和技巧。

总之，不断地学习，长期地努力，细微地进步，不断地积累，加上灵活地运用，客户经理就可以更加从容地应对工作中出现的各种问题。

◎ 科学管理的习惯

市场营销是一项循序渐进的工作，需要一天天积累，一次次商谈，一步步运作。同时，市场营销又是一项相对自由的工作，客户经理的工作进度和步骤完全由自己掌控。对天性懒散的人来说，这是很有挑战性的。所以，客户经理必须加强对自我的科学管理，养成良好的工作习惯，找出适合自己的营销规律，做出科学合理的计划，严格监督自己按计划执行。

一件小事完成得不好，就可能毁掉一切曾经为人相信的东西，客户经理要切记三点：

第一，从自己的一言一行做起，当日事当日毕，日日清、日日结、日日高（每天的工作质量比前一天提高1%）。

第二，养成做备忘录的习惯。好记性不如烂笔头，客户经理看到好的资料要随时收集起来，对有关营销知识、本银行的优势、客户情报等资料要做到烂熟于心，同时勤做笔记、勤归档案。

第三，学会项目管理，即柜子管理理论。将自己的工作、学习及生活等事项划分为若干个项目（柜子），再按项目进行管理，这样管理起来就很有章法，能够保证忙中有序。

◎ 合作共进的习惯

现代银行业的竞争已经到了白热化程度，需要团队合作，齐头并进。一个人的能力是有限的，只有善于与人合作，才能弥补个体能力的不足，运用团体作战方式，达成营销目标。

客户经理要成就一番事业，养成良好的合作习惯是必不可少的。只有在这种习惯的支配下，与他人开展良好的合作，才不容易自满，才能多一些朋友，多获得一些帮助，从而向着心中的目标大步前进，直至成功。

习惯引领工作

每个人的习惯不同，决定了工作方式、方法的不同。习惯的形成有一个过程，客户经理的工作方式、方法也在不断发生着改变。

◎ 旧五式工作法

传统营销运用的是旧五式工作法，即：应付式工作、被动式工作、拖延式工作、无序式工作、粗放式工作。

应付式工作

有的客户经理没有确立目标的习惯,每天得过且过、不思进取,做什么都是敷衍了事,极大地影响了个人发展和团队整体水平。

被动式工作

有的客户经理没有掌握工作的主动权,一切工作都要靠外界的压力,习惯方案要等到客户催了才交、工作等到领导批评了才开始动手。这样一来,工作常常处于被动状态。

拖延式工作

由于工作自由度比较高,客户经理很容易放纵自己,养成懒散、拖沓的习惯。比如,本来需要上午打的电话拖到下午,本来应该今天发的邮件拖到明天,无形中增加了时间成本和机会成本。

无序式工作

有的客户经理缺少自我管理的习惯,对工作没有安排和计划,一方面容易造成工作遗漏,另一方面还会造成整体工作效率低下。

粗放式工作

营销工作是由一件件小事组成的,但是传统营销不太注重细节,凡事大而化之。比如,有的客户经理不关注自己穿着是否得体、与客户见面是否准时,节假日也不记得给客户发送祝福短信或微信。

◎ 新五式工作法

旧五式工作法导致客户经理整体缺乏生气、效率低下,因而需要倡导新五式工作法,即:主人式工作、主动式工作、效率式工作、有序式工作、精细式工作。

主人式工作

人生有家庭和职场两大平台,客户经理不仅要经营好自己的家庭,更要管理好自己的事业。客户经理要做商业银行的主人，实行首问负责制，在职场这个广阔的平台上实现自己的价值。

主动式工作

客户经理要自动自发地工作，想客户之所想，主动为客户提供理财服务、咨询服务，从而实现为银行增加存贷款、创造中间业务收入、提升自身业绩的目标。

效率式工作

客户经理要养成珍惜时间的习惯，给自己规定时间。比如，客户要求服务方案在一星期之后交，客户经理应该在前三天做出一个方案，大家讨论后再进行完善，最后交给客户一个高质量的金融服务方案。在保证工作质量的同时，确保工作效率。

有序式工作

有序式工作是时间管理的最高水平，客户经理一定要养成有序工作的习惯，按重要程度和紧急程度为工作排序。时间是有价值的，要在对的时间做对的事情。客户经理的准备越充分，成交的概率就越高。

精细式工作

精细式工作是指对工作进行精细管理。客户经理要养成对工作进行精细管理的习惯，从小事做起，比如节假日给客户发个短信、微信、打个电话表达祝福，在客户生日那天送一束花或一张卡片，等等。别小瞧这些小事情，客户经理与客户之间的感情就是这么一点一滴积累起来的。

TIPS

◆ 客户经理要想做出一番非凡的业绩，必须善于思考，多向自己提问，知其然，还要知其所以然，在对问题究根问底的过程中培养自己的立体思维、系统思维、反向思维、同理思维和颠覆性思维。

◆ 客户经理要注重用以致学,即在干中学,带着问题学,将实践问题上升为理论问题进行研究,从而在繁杂中求规律,在平淡中求新意。

◆ 一个人的能力是有限的,只有善于与人合作,才能弥补个体能力的不足,运用团体作战方式,顺利达成营销目标。

第 7 课
稳定的情绪——喜怒哀乐进口袋

人不能主宰世界,只能适应世界。换句话说,人生活在这个世界上,不能随心所欲,需要有所节制。对于客户经理来说,过硬的自制能力是必不可少的,要学会把喜怒哀乐装进自己的口袋。因此,情绪管理是客户经理必须学好的一门课。

情绪管理有两层含义:第一,善于控制自己的情绪。人们常说以身作则,只有自己做得好,才能让别人信服。第二,生气是用别人的错误来惩罚自己,解决不了任何问题。比如,向客户推介银行的理财产品,说得口干舌燥,最后客户还是拒绝购买。虽然营销失败的结果肯定会让客户经理觉得沮丧,甚至生气发火,但是仔细想一想,大发一顿脾气,并不能改变事情的结果。平心静气地面对营销失败的现实,积蓄力量,争取打赢下一场营销战,是更积极也更有效的方法。

自我情绪控制法

喜怒哀乐是人生常态,是心理活动的一种外在表现,控制起来非常困难。对于银行客户经理来说,怎样才能提高自制能力、保持积极稳定的情绪呢?下面几种方法不妨一试。

◎ 思想控制法

控制情绪的根源就是要控制思想,只有先控制思想,才能控制行为。控制思想,首先要知道自己的人生目标是什么、打算怎么去实现、实现后对自己和社会会有怎样的影响,然后再弄清楚如何拒绝不该做的事情,强迫自己做该做的事情,最后想一下做了会如何、不做又会如何。

例如,在情绪即将失控的时候,客户经理可以给自己心理暗示:我一定要成功,一定要成为营销专家(高级客户经理),让我的孩子受到最好的教育,让我的家人过上最好的生活,所以我不能生气,我要冷静思考,找出最好的解决方法。这样想想,情绪就会逐渐稳定下来。

◎ 行动消除法

营销不可能总是一帆风顺,经常会遇到麻烦和阻碍。这种情况下,回避并不是最好的选择。直面困难,想办法解决,然后继续前进,这样才不会导致问题愈积愈多。比如,可以多拜访客户,多做项目,逐步建立自己的成就感。

经过一段时间的努力,你会发现自己有了很大改变:干劲增强了、自信心也提高了、心情舒畅了、不良情绪也就消除了。随之而来的,就是工作比过去做得更多、更好,人际关系也朝着好的方向转变。

◎ 旷野吐郁法

山高水阔的环境有利于疏解抑郁的情绪。心情抑郁的时候,可以找一个空旷无人的地方,比如公园里、山顶上、大海边,大声呼喊,把内心的不满和压抑全都宣泄出来,整个人就会轻松很多。

这种方法适用于性格内向者的积郁外泄,当你处于一种莫名的烦恼之中而又不愿找人诉说时,可以采用此法。值得注意的是,呼喊时要像舞台表演一样进入角色,并尽可能地说出平时感到压抑的事情,这样才最真实、最彻底,驱除烦恼的效果才会比较好。

◎ 空椅发泄法

当愤懑到了不吐不快的地步时,可以找一个替代物进行发泄。此法适用于人际关系紊乱时的怒气疏泄。这时,一把椅子就是很好的选择,你可以把它当成未成交的客户尽情发泄。你可以指着椅子,历数对方的过错,充分表达自己的委屈,激愤之时还可以伴着表情、动作,如挥拳顿足、声泪俱下等。发泄时越情绪化,驱除烦恼的效果就越明显。

◎ 视线转移法

将自己的视线从产生不良情绪的目标上转移开,也可以缓解不良情绪。比如,当客户经理长期面对一个客户时,可能会产生厌烦感,这时可以换别的客户进行营销,将视线从这个客户上转移开。工作劳累、心情不好的时候,可以去看一场电影,读一本好书,以便尽快从不良情绪中解脱出来。

客户经理小陈是个开朗活泼的女孩,很少看到她愁眉苦脸、情绪低落的样子。但是,即便是再乐观的人,也会有烦恼无法排解的时候。有一次聊天时，我好奇地问了她这个问题。小陈调皮地一笑，说："谁会没个烦心事啊，只不过我在家里就把坏情绪处理掉了。"

小陈说她也会因为工作和生活中的很多事情，情绪变得低落。比如，相恋三年的男友与她分手，到美国读博士去了；存款、贷款、中间业务等营销指标每旬、每月、每季、每半年的考核压力都特别大；担任支行行长，带领二十多人的团队，管理任务很重；等等。

面对这些压力，小陈说她会先告诉自己不要急躁，平静下来。然后她会放满满一浴缸的水，点上精油灯，在醉人的薰衣草香氛中舒舒服服地洗个泡泡浴。接着给自己准备一顿丰富的晚餐，在灯光幽暗的客厅里，选一部催人泪下的电影，看到动情之处放声大哭一场，把心里的委屈统统发泄出来。小陈说，做过这些事情以后，心里会轻松很多，同时身体也疲惫了，然后再睡个好觉，第二天早上起床后会觉得一切都是崭新的。她还会大声告诉自己："人生是多么的美好，今天又是全新的一天！"

这是一个聪明有趣的好方法，您不妨也试一试。

不能打开的"潘多拉魔盒"

潘多拉的盒子里装着贪婪、杀戮、恐惧、痛苦、疾病和欲望，打开魔盒之后，灾难便降临到了人间。在营销过程中，客户经理的潘多拉魔盒里也会有各种各样的不良情绪，如恐惧、愤怒、嫉妒、浮躁和自卑，如果不加控制，就会让营销过程变得一塌糊涂，自然也得不到令人满意的结果。

◎ 战胜恐惧

恐惧是客户经理从事市场营销事业的天敌。在营销过程中,客户经理的恐惧感表现为三大交往障碍:

第一,缺乏信心。东方人和西方人之间最大的差别就是太含蓄。在生活中表现得谦虚,会给人留下好印象,但在工作中一味推拒,就意味着能力不足。如果客户经理没有自信心,就很难得到客户的信任,更别提合作了。

第二,不敢开口。很多人在培训或者开会时,总是习惯于坐在后排,怕被领导看见,怕被要求发表自己的看法。

第三,不能坚持。行百里者半九十,做任何事都是贵在坚持。有的客户经理做一两个客户还可以,但随着工作时间的增加,做到第四个、第五个客户时,新鲜感退去,厌倦感就产生了,一遇到困难,就想放弃。

其实,并不是所有人都在关注你的行为,很多恐惧是自己想象出来的。克服羞怯和恐惧感的最好方法就是大胆开口说话,只有开口,才会有机会。营销就是需要和人交流,无论客户身份多高,地位多尊贵,他都是一个人而已,只有把你的想法大胆地告诉他,你才有成功的可能。在营销过程中,客户经理要时刻谨记:开口开口,业绩到手。只要勇于开口,一切问题都不是问题。

◎ 驾驭愤怒

愤怒是消极情绪的头号顽敌,千万不要喜怒无常、动不动就指责别人。愤怒可以让人失去理智,客户经理在营销中的一时冲动,就可能失去一个可靠的客户或者朋友,甚至需要付出高昂的代价来弥补。

对待愤怒,有一个很好的控制方法,就是自我暗示法。比如,当你准备发怒时，可以这样想："发完火，能解决什么问题呢？即使与客户争吵赢了，又有什么意义呢？蠢人才会发怒，我是蠢人吗？当然不是！冷静、冷静、再冷静！控制自己的情绪，因为我要成功，我要拥有一大批客户，我要成为优秀的客户经理！"自然而然地，情绪慢慢就会平静下来。

此外，还有一个方法可以控制愤怒：意识到自己开始生气的时候，用力咬三下牙齿，把愤怒压在心里并默念"忍！忍！一定要忍"，10秒钟过后，愤怒感就会消失。

尝试用这两种方法控制自己的愤怒情绪，久而久之，你就会成为一个冷静、随和的人，一个容易被别人接受的人。

◎ 告别嫉妒

嫉妒是对才能、际遇、名誉、地位比自己高的人怀有怨恨的情感，是人际交往中的不利因素。嫉妒属于七宗罪之一，除了害己，不会对事实造成任何改变。

嫉妒别人是最没有本事的，自我成长才是给对手最好的回击，也是告别嫉妒最好的方法。"嫉妒是一种四处游荡的情绪，能享用它的只能是闲人"，对于客户经理来说，与其将有限的精力放在嫉妒他人的成功上，不如抓住时机做几件实实在在的事，做出一番优秀的业绩。当你专心致志地去开发客户、全心全意地为自己的营销事业奋斗时，就不会有时间嫉妒别人了。

◎ 抑制浮躁

浮躁的心态会让人好高骛远、急功近利、贪得无厌，这是银行客户经理工作的大忌，直接影响营销的最终结果。作为客户经理，抑制浮躁情绪可以从以下几个方面入手：

首先，不好高骛远，结合自身实际，制订切实可行的行动方针和目标，扎扎实实从基础做起，一步步地去营销。

其次，不心烦意乱，为了让客户感到诚意，必须静下心来，正确地认识客户，冷静地把握机会，以长远的眼光、双赢的战略与客户商谈。

最后，消除贪欲，君子爱财，取之以道，客户经理应该通过提升业绩来取得合法报酬，千万不要不择手段、贪得无厌，甚至用违法手段牟利。

◎ 扔掉自卑

客户经理从事的是市场营销事业，每天都会面临很多挑战，要想成就一番事业，首先要做的就是拒绝自卑的纠缠。自卑是客户经理给自己设下的一道坎，很多人非常有能力，最终却失败了，原因就可能出在自卑上。自卑是一只纸老虎，只要勇敢地跨出第一步，正确地评价自己，大胆地表现自己，学会善待自己，你就不会自卑，成功才有可能来临。

人的一生不可能永远都生活在欢乐和幸福之中，有些挫折和痛苦是正常的，挫折等于存折，能够品尝痛苦但不被痛苦压垮的心灵才是真正健康的。

TIPS

◆ 对于客户经理来说，拥有过硬的自制能力是一项必不可少的基本素质，要学会把喜怒哀乐装进自己的口袋。

◆ 不是所有人都在关注你的行为，很多恐惧是自己想象出来的。克服羞怯和恐惧感的最好方法就是大胆开口说话，只有开口，才会有机会。

◆ 与其将有限的精力放在嫉妒他人的成功上，不如抓住时机做几件实实在在的事，做出一番优秀的业绩。当你专心致志地去开发客户、全心全意地为自己的营销事业奋斗时，就不会有时间嫉妒别人了。

第二章
擦亮眼睛，寻找目标客户

客户不会主动送上门，银行客户经理需要主动出击，利用各种方法寻找客户。寻找客户的方法很多，可以通过别人介绍，可以自己查询资料，更多的情况下是进行陌生拜访。

第 8 课
用优选法确定目标客户——"嫌贫爱富"找对象

客户经理开发客户的第一步是寻找潜在客户,即有可能成为目标客户的对象。并非每一个潜在客户都是合格的目标客户,从潜在客户到目标客户,还需要进行客户资格鉴定,也就是对客户进行选择,看其是否具备成为本银行客户的资格。

这里所说的"嫌贫爱富"并非我们日常所指,而是另有含义。这里的"嫌"不是嫌弃的意思,而是代表严谨、慎重地审核与考察。这里的"贫"是指成长型的客户,银行在给成长型客户提供扶贫贷款、启动贷款、创业贷款前,一定要反复核实客户是否有偿还能力。客户资格鉴定是客户分析研究的关键,鉴定的目的在于发现真正的营销对象,避免徒劳无功的营销活动,确保营销工作做到实处。

择优选客户

银行筛选客户时范围要广泛,但是选择要谨慎,首先筛选理论上的潜在客户，其次筛选有效客户，然后和客户接触、对客户营销，最后达成合作。

◎ 择优原则

择优原则是商业银行永恒的法则，最根本的一点，就是看营销的金融产品（服务）能否与目标客户建立现实关系。这种现实关系表现为五个基本方面：

一是客户是否有金融需求。有效地满足客户的金融需求是营销工作成功与否的关键。假如客户经理营销的产品对客户毫无用处，无论花费多少精力和口舌，都会无功而返、枉费心机。

二是客户是否有购买能力。客户经理分析客户的信用购买能力时，首先要从考虑产业政策开始，其次要分析客户的区域环境，再次要分析客户的经济实力，最后要分析客户的信用情况。

三是客户是否符合本银行优良客户条件。各个银行对优良客户的选定标准都不一样，大致分为三类：以使用本银行纯负债业务和中间业务为主的客户、以使用本银行信用产品为主的客户、全面使用本银行金融产品的客户。

四是客户代表是否有购买权。客户经理要分辨出在客户单位里是哪些人实际负责金融产品购买工作，究竟是谁掌握拍板权。

五是客户是否能为本银行创造价值（利润）。银行营销追求的就是利润和价值，所以能够创造价值是考察客户的关键条件。

◎ 择优方法

选择客户有六个方法：一是系统筛选，通过客户关系系统筛选目标客户；二是网点识别；三是升级营销，就是把客户的金卡升级为白金卡、白金卡升级为钻石卡；四是信息的挖掘；五是客户的引荐；六是外部营销。

通过研究这六种方法，不难发现，目标客户来源主要有三个，即现有客户转化（占50%）、贵宾客户引荐（占20%）、外部营销（占30%）。作为银行客户经理，在寻找和确定目标客户的时候，要把重点放在这三个方面。

某天然气输气干线是我国西气东输工程之一，干线于××年开始建设，建成后每年向中部地区供气××亿立方米。此线途径Z市，并在××年与新疆到上海的干线联网，形成我国东部地区的天然气保障体系。

为了充分把握这一机遇，实现城市气化，优化Z市能源消费结构，促进Z市经济发展和生态环境的改善，Z市政府在《Z市城市总体规划》中确立了本市气化总体发展思路，并编制了《Z市城市燃气专业规划》，进一步明确了城市气化的指导思想、技术原则及实施步骤和措施。经过一系列的资本运作，Z市成立了天然气发展有限责任公司来专门运作项目。

由于天然气项目发展前景良好，经济效益和社会效益可观，项目业主资金、技术力量雄厚，对银行综合回报率高，因此，成为各金融机构激烈争抢的优质客户。面对激烈的竞争局面，D行没有退却，在得知Z市将实施天然气输配工程项目后，立即上门营销，提出为其提供全方位的金融服务，并对其发出《金融服务建议函》，经过多次接触，该公司终于同意与D行合作，但也明确告诉D行，S行等也在与他们接触，并已签订合作协议。为了抓住这一难得的机会，D行果断地向省分行汇报，请示省分行出面营销，提高营销层次，并最终与Z市天然气发展有限公司签订《银企合作协议书》，该公司明确D行为主办银行，承诺各项业务在D行办理。这样D行就与S行等处于同一起跑线，成功与否的关键在于服务质量与效率。随后，D行发出《D行关于为Z市天然气发展有限公司提供全面金融服务的函》，全面介绍了D行的优势和提供优质金融服务的承诺，并列出了双方合作的主要方式，提出双方建立高层会晤机制和业务联络员制度。

后来，该公司更名，须到工商局登记变更，而该公司相关人员在本地人生地不熟，D行客户经理利用自身社会关系，积极为该公司到工商局办理相关手续。该公司工作人员被其热情感动，在办理完营业执照和组织机构代码证后，将基本账户开在D行，同时取消在J行和B行的账户，只保留在S行的一般性账户。不仅如此，D行还与客户商量，选派客户经理长驻天然气公司，为该公司提供全面的优质服务。

此外，D行组织专门人员对Z市天然气项目进行调查，并及时形成材料上报，为其申报项目贷款。为了与S行抢时间，D行行长对项目贷款的申报材料亲自督办、把关，相关部门负责人及客户经理连续几天加班，保质保量地完成了材料申报工作。D行还组织专业人员，为天然气公司量身定做了《天然气代收费项目金融服务方案》，从D行的网点地域、科技网络、资金实力、服务大客户的经验等多方面的优势出发，全面、专业地为该公司设计了天然气收费及代收费的整个业务流程及技术处理。聘请专业公司为其设计天然气代收费软件系统及业务平台，并就整个天然气代收费系统的开发、维护与安装达成一致意见。

经过两年多的不懈努力，在签订了全面的《银企合作协议书》后，Z市天然气公司终于将基本账户、项目资金专户、燃气收入专户、天然气开户费收入专户全部开立在D行。由于D行对Z市天然气公司项目跟进及时，加之其项目合作科技含量高、双方合作成效好，从而辐射和带动了其他地区的天然气公司与全行的合作。

随着贷款的成功营销、收费系统的建立和天然气管道的顺利贯通并投入使用，以及Z市天然气公司已逐渐步入投资回收期，D行在Z市天然气项目上将得到可观的回报，除了用气居民的开户费收入以外，发卡收入、代收手续费、代理保险手续费等收入也将非常可观。

D行在对Z市天然气项目的成功营销实践给我们最大的启示是：必须把行业分析与综合营销战略始终贯穿于营销与维护的全过程。在营销指导思想上坚持遵循国家产业政策，实施综合营销战略，实施资产、负债、中间业务一体化，本外币业务一体化，批发业务与零售业务一体化营销战略；在金融服务方案制定与推介上坚持综合营销战略，从全面金融服务解决方案到单项业务合作方案都把银行的相关产品进行有机的链接，实行组合销售；在客户维护上坚持综合营销战略，对每项金融产品服务的运用情况进行全程跟踪，不断提高客户的认知度、满意度及忠诚度；在银行的体制与流程再造上坚持综合营销战略，各级行、各个部门相互协作、整体联动，一点接入、全行联通；在客户经理队伍建设上坚持综合营销战略，培养客户经理的综合营销素质，完善对客户经理的综合营销考评机制，提高客户经理的综合营销能力。

第二章
擦亮眼睛，寻找目标客户

目标客户的选择分类

选择目标客户是制订营销计划和确定营销策略的前提条件。随着市场经济的发展，竞争日益激烈，营销工作日趋复杂和艰难，一家银行的规模再大，产品竞争能力再强，营销方法和技巧再高明，也不可能赢得市场上所有的潜在客户。因此，客户经理必须为自己圈定特定的营销范围，并对范围内的目标客户进行分类，根据本行产品的特点和营销优势，选择恰当的营销对象。那么，如何选择营销对象呢？以下几种方法可供参考。

◎ 对潜在客户进行分析归类，确定开发目标

客户经理想要提高营销业绩，使工作更加有的放矢，必须在众多潜在客户中挑出最有希望、最有购买意愿的客户作为目标客户。

在实施营销前，对潜在客户的分析归类是建立在调查研究基础上的，这时的分类方法主要有两种：一是依据客户的购买欲望，二是依据可能成交的时间。

依据客户的购买愿望，可以把潜在客户分成三类：

第一类是有强烈的金融需求、明显的购买意图，而且有购买能力的潜在客户；

第二类是有购买动机与购买需求，最终会购买的潜在客户；

第三类则是对于是否购买尚有疑问的潜在客户。

经过分析归纳，客户经理应把第一类和第二类潜在客户作为目标客户。

依据可能成交的时间，可以把潜在客户分成三类：

第一类是一个月内可能成交的客户，被称为渴望客户，客户经理

可安排短期高频的拜访，加大公关的力度；

第二类是三个月内可能成交的客户，被称为有望客户，客户经理可将其作为重点目标客户积极争取，主动出击；

第三类是超过三个月以后才有可能成交的客户，被称为观望客户，客户经理对其需做进一步的判断和评估，然后依据情况安排拜访时间。

◎ 对现有客户进行深入分析，确定深度开发目标

有些客户经理只注重对新客户的开发，忽视对现有客户的深度开发，以致客户对本银行的价值没有得到充分挖掘。

有些产品及服务受客户欢迎，有些产品及服务不受客户欢迎，有些优良客户已经成为本银行垄断的客户，有些优良客户在本银行的产品（服务）使用量很小。客户经理在对现有客户进行分析后，便可解决这些问题，找出深度开发的营销对策。

对现有优良客户的深度开发目标，一般可以从四个方面来确定：

一是扩大优良客户在本银行的金融交易额，提高本银行对该优良客户的市场占有率；

二是提高该优良客户对本银行的综合贡献率，如经过协商扩大中间业务收费范围或提高手续费标准，由主要提供信贷产品扩大到资产、负债和中间业务等综合金融服务，延长产品线及"价值链"；

三是提升本银行与该优良客户的合作层次，如由分支机构的合作提升为集团总部的合作，由部分机构的合作提升为全系统或全集团的合作；

四是发展本银行与该优良客户的合作关系，如由松散型合作发展为紧密型合作，由短期合作发展为长期合作，由临时性合作发展为稳定性合作，由单项业务合作发展为全面业务合作等。

◎ 对银行和客户经理本人的开发能力进行认真衡量，确定营销对象

寻找到优良的潜在客户，对任何一家银行、任何一位客户经理来说都是好事，但不要急于立即进行营销活动，首先要冷静分析银行和客户经理个人的条件，再确定是否将该客户列为营销对象。

每一家银行信贷资金的实力、网络的先进程度，以及服务系统的完善水平等都不一样，应根据客户的需求，衡量本银行是否能满足优良潜在客户的条件，否则，就算一时营销成功，之后也可能因为资金量短缺、服务跟不上，或其他原因，使客户流失掉。

作为客户经理本人，也应该分析自己的营销时间是否充足、关系资源是否可靠、营销费用是否够用等。如果银行和个人都不具备开发该潜在客户的能力，那最好不要尝试，否则会劳民伤财、得不偿失。

科学地发现和选择营销对象，可以利用有限的时间与费用，全力说服那些购买欲望强烈、购买量大、社会影响大的"高价值客户"或"优良客户"，减少营销活动的盲目性，提高营销工作的成功率。

批量获客

◎ 图谱营销，做精市场

绘制图谱，目的是为了精确反制（对手），精准营销（客户）。绘准金融资源图，系统掌握本地金融机构、存款、贷款等金融资源。找准客户路线图，对本地政府机关、企业、学校、医院、商场（商圈）、专业市场、社区等客户进行标注。定准营销作战图，开展"三进扫三"营销活动，即进单位、扫户，进社区、扫楼，进市场、扫街。

◎ **网格营销，做壮市场**

网格营销，即对同类客户、同类产品进行批发营销、复制营销。六大类重点公司客户与个人客户名单批量获客：大系统高管客户与员工，包括财政、社保、医保、国土资源等政府系统类客户和电力、烟草、石油等行业系统类客户；大集团高管客户与员工，包括跨国公司、央企集团、上市企业、大型民营企业等集团类客户；大医院高管客户与员工；大学校高管客户与员工，包括大学、中专、重点高中、初中；大商贸高管客户与员工，包括重点商场和商贸连锁企业；大部队高管客户，包括部队、武警。

八大类重点个人客户名单，包括创业型、投资型、名流型、高管型、智慧型、积累型、转移型、机遇型（拆迁户）。

通过网格化视图管理，实现客户关系管理全局化、数据化与视图化；实行定格、定员与定责；建立管理行、经营支行与客户经理三级网格化服务体系；实现客户信息管理由孤岛式、零散化向整合式、集中化转变。

◎ **商圈营销，做细市场**

这些商圈主要包括业态商圈（商业中心、专业市场、物流中心）、园区商圈（工业园、科技园）、社区商圈、企业商圈（上下游）、组织商圈（商会、民营企业家协会）、人脉商圈（老乡、战友、同事、同学、家族）。

◎ **链条营销，做长市场**

链条营销，就是把客户链条、产品链条、价值链条和营销周期做长，实行全产业链营销，即三大链条一终端：上游，供应链客户；中游，生产链客户；下游，销售链客户和终端市场客户。

◎ 集群营销，做优市场

集群营销的对象主要包括三大集群。一是四大公司产业集群，即工业产业集群、农业产业集群、商业产业集群、科技产业集群。二是七优小微企业客户群，即行业优，国家鼓励行业、高新技术行业小微企业；区域优，经济开发区、交通便利区、政策优惠区的小微企业；信用优，信用等级高的小微企业；产品优，有特色产品、专利产品、创新产品的小微企业；体制优，进行了股份制改造、建立现代企业制度的小微企业；链条优，供应链、生产链、销售链与大企业配套的小微企业；周期优，连续生产两年以上且经营稳定的小微企业。三是七大个人中高端客户群，即企业家、公务员、工薪族、居民户、拆迁户、专业人士、专业投资人。

◎ 海量营销，做宽市场

海量营销包括：客户群体三多海量营销，即客户数量多、客户群体多、客户区域多；客户个体三高海量营销，即营销频率高、关系强度高、产品交叉率高。

◎ 覆盖营销，做广市场

覆盖式营销的形式：新市场一次性扩张式覆盖，老市场多次性挖掘式覆盖。覆盖式营销的内容：客户、产品与品牌。

◎ 绑定营销，做实市场

绑定营销包括电子商务绑定法、微信银行绑定法、产品组合绑定法、代理业务绑定法、第三方合作绑定法。

◎ **结盟营销，做快市场**

结盟营销包括五大结盟：与证券公司结盟、与保险公司结盟、与信托公司结盟、与第三方合作机构结盟、与战略客户结盟。如给中小企业推荐新三板（设立在北京的全国性的非上市股份有限公司股权交易平台，主要针对的是中小微型企业）金融服务方案，若能成功上市，既能让客户取得规范治理、财富增值、转板 IPO、吸引投资人、价值变现、股权融资、定向增发、增加授信、股权质押、品牌效应等好处，又可使银行获得大量的金融资源。

◎ **数据营销，做大市场**

充分利用本银行数据平台、政府数据平台、第三方数据平台、社会数据平台等数据平台，做好 DT（大数据）时代的新营销。新技术从需求和供给两个维度改变了金融的实现方式：需求端——新技术使得客户随时随地处于"连接"和"在线"的状态，使得其行为、偏好等可实时发现和追踪，促使金融需求显性化，便利银行低成本发现客户需求；供给端——新技术降低金融服务成本，提升服务效率。客户经理必须把客户需求端与金融供给端进行有效地对接。

TIPS

◆ 银行在给成长型客户提供贷款前一定要反复核实客户是否有偿还能力。客户资格鉴定是客户分析研究的关键，鉴定的目的在于发现真正的营销对象，避免徒劳无功的营销活动。

◆ 任何一家银行都不可能赢得市场上所有潜在客户。客户经理必须为自己圈定特定的营销范围，并对该范围内的目标客户进行分类，根据本行产品的特点和营销优势，选择恰当的营销对象。

第 9 课
用资料法查找目标客户——狂沙吹尽始见人

资料法,也叫媒体法,又称间接市场调查法,即客户经理通过各种现有媒体(资料)寻觅目标客户的方法。在银行营销中,这是寻找客户常用的方法。

巧用资料法,锁定新客户

◎ 资料法分类

运用资料查找客户的途径有很多,主要有以下六种:

报刊杂志和广播电视

通过报刊杂志和广播电视等大众媒体寻找目标客户,能够减少寻找工作的盲目性,节省时间和费用,及时、快捷地掌握更多目标客户的资料。但是这类资料的时效性较强,容易失效。

客户经理:"您好!请问您是火旺通讯公司李一安总经理吗?"

目标客户:"是的。您是怎么知道我名字的?"

客户经理:"您可是大名鼎鼎的新闻人物呀!我是××行客户经理,我叫王新。昨天《××日报》用一整版的篇幅介绍了您的创业经历和您公司的品牌经营战略,我很敬佩您。前不久,我行推出了一种新的公司客户理财服务产品,很适合为您公司的品牌经营战略服务。我想到您的公司去拜访您,不知道您今天下午三点,还是明天上午十点比较方便?"

目标客户:"行,那你今天下午四点钟过来吧!"

客户经理一定要看《新闻联播》,还有地方电视台的时事新闻,可以从中找到很多有价值的信息,如国家和地方的经济政策、招商引资的信息等。客户经理还要多看地方党报,因为党报上也有很多企业招商引资的信息。都市报、晚报、晨报等可以在放松心情、拓宽知识面的时候看。

各种统计资料和年鉴

这种方法的优点是资料比较全,可以深入了解各行业、各公司某一方面的详细情况,查找起来也比较容易,对开发潜在客户很有帮助。缺点是不够及时,时效性较差。

工商管理公告

客户经理可以到企业或工商管理部门寻找客户资料,如企业执照年审公告、企业法人登记公告、商标注册公告等。

企业公告及广告

许多企业常在各种媒体上刊登、发布各种广告、公告,内容一般都会涉及企业名称、企业联系方式及董事长或总经理的姓名,从中可以寻找到潜在的目标客户。

网络

网络不仅传播速度快、范围广,而且内容多、费用低,越来越受到客户经理的青睐,成为寻找目标客户的最佳途径。客户经理一定要经常去以下网站浏览信息:国务院与地方政府、国家与地方发展和改革委员会、国家工业和信息化部、国家与地方工商部门、国家与地方税务部门、银监会、人民银行、财政部等,从这些网站中寻找有价值的客户信息资源。

银行内部资料

利用银行内部已经存在的各种客户资料,可以较快地了解本银行大致的金融市场容量及客户分布情况,进而从中寻找能够更进一步深度开发的目标客户。客户经理应该充分利用银行内部各种对搜寻客户情报资料有帮助的信息。

除了上面叙述的途径外,客户经理还可以通过各种名录、电话簿、户外媒体、邮寄媒体等方式找到目标客户。

◎ 资料法运用要点

运用资料法时,客户经理一定要注意资料的可靠性、完整性和时效性。因为报刊、网络都是影响广泛、实效性非常强的媒介,在采用这些媒介刊登的资料时,需要格外注意信息是否权威、资料有无缺损及信息是否过期。特别要注意的是电话簿的更新,如今很多人会频繁地更换手机号码,如果不经常联系,可能就会和某个客户失去联系。

没有疲软的市场,只有落后的思想。客户资源存在于各种各样的信息中,只要客户经理的思想不落后,运用好资料法,客户资源就是无限的。

让"猎犬"找资料

现代社会是一个信息爆炸的社会,客户经理往往要经过反复筛选、甄别,才能找到自己需要的信息。其实,查找资料方面有一个便捷的途径,那就是用猎犬法收集资料,查找目标客户。

猎犬法就是委托他人寻找目标客户的方法。方法有很多,最关键的是选择有用的"猎犬"。可以充当"猎犬"的人很多,比如,金融部门负责人和工作人员、企业财会部门负责人和办事人、律师、房地产商、企业销售主管和销售员、包工头,等等。

利用猎犬法寻找目标客户有很多好处:

首先,市场面大,信息量大。通过委托亲朋好友或花钱雇佣别人来提供资料,有利于开拓陌生市场。这些"猎犬"分布广泛,对他们自己所在的地区、所处的行业及当地企业和居民的金融需求十分了解,因而能找到大批的潜在客户,提供大量有价值的信息。

其次,有利于提高效率。利用"猎犬"查找目标客户,客户经理就可以集中更多的时间和精力来访问重要客户,有利于提高效率、提升业绩。

最后,可以减轻营销工作量。"猎犬"可以影响甚至直接说服潜在客户与银行合作,无形中大大减轻了客户经理的工作量。

TIPS

◆ 客户经理一定要看《新闻联播》,还有地方电视台的时事新闻,还要多看地方党报,可以从中找到很多有价值的信息,如国家和地方的经济政策、招商引资的信息等。

◆ 利用银行内部已经存在的各种客户资料,可以较快地了解本银行大致的金融市场容量及客户分布情况,进而从中寻找能够更进一步深度开发的目标客户。

◆ 客户经理一定要注意资料的可靠性、完整性和时效性。报刊、网络都是影响广泛、时效性非常强的媒介,采用这些媒介刊登的资料时,需要格外注意信息是否权威、资料有无缺损及信息是否过期。

◆ 猎犬法就是委托他人寻找目标客户的方法,其关键是选择有用的"猎犬"。

第 10 课
用陌生拜访法寻找目标客户——天涯何处无芳草

有的客户经理每天坐在办公室的椅子上,等着客户把存款、贷款和中介手续费送上门,这就叫作"坐椅待币"。"坐椅待币"的结果只能是"坐以待毙"。只有低端客户的存款才会主动送上门,等客上门的贷款大多是死贷款。目标营销要建立在市场定位之上,客户经理要去主动营销、主动拜访陌生客户。天下是打来的,市场是抢来的,客户是争来的,财富是挣来的。出路——出去才有路,困难——困在家里才难。

揭开陌生拜访法的面纱

陌生拜访法也叫直接开拓法,是寻找目标客户最直接的方法,同时也是难度最大、打击性最大、最有挑战性、最难坚持下去的一种方法。陌生拜访是客户经理必须具备的基本功,成功率的高低直接影响着客户经理事业的成败。

陌生拜访法具有如下特点:

◎ 最基本的方法

一个人的亲朋好友毕竟是有限的，依靠客户引荐也存在着局限性，因为不是每一个客户都愿意帮助介绍客户。客户经理想要维持一定的客户量，必须不断开发新市场，寻找新客户。任何相识都是从陌生到熟悉的过程，对于客户经理来说，主动拜访陌生客户是增加客户资源的最基本方法。

◎ 最艰难的开拓

陌生人之间的交流是新鲜的，和陌生客户从陌生到熟悉，需要一步步建立信任，需要花费客户经理大量的时间和精力。因为对于双方来说，中间存在着太多未知因素，这些不确定因素使陌生拜访法成为最艰难的开拓。

陌生法遇到拒绝的比例是最高的。没有朋友引荐，没有迂回路线可走，客户经理必须与没有任何关系的陌生客户直接接触，这是对营销技巧的考验，也是对营销心态的考验，更是对勇气和意志的考验。

◎ 最可靠的手段

陌生拜访法最大的好处是：市场无限大，客户处处有。相对于关系法来说，陌生拜访面对的是无法衡量的客户资源，客户经理无论走到哪里，做任何事情，所接触的人和单位都可能成为潜在客户，可以不受时间、空间限制地开拓客户。

◎ 最重要的步骤

第一印象会给人带来不可磨灭的影响，客户经理拜访陌生客户时的良好表现是整个营销过程中最重要的步骤。

一个客户经理要在营销行业中成就一番事业，必须建立并发展自己的客户群体。陌生拜访法则是开拓客户群体最有效的方法，它能使客户经理迅速拓展人际关系，建立属于自己的营销网络。

从陌生到不陌生

陌生拜访法是营销中最重要的步骤，客户经理在拜访陌生客户时，可以运用一些小技巧给自己加分，使自己在客户心中迅速地从陌生变为不陌生。

◎ **认真做好拜访前的准备**

知己知彼才能百战不殆，准备充分了才有成功的可能。在进行陌生拜访前，客户经理要做好如下工作：

端正心态

金融营销是神圣的工作，是帮助客户的事业，客户经理应当以健康的心态对待即将拜访的客户，千万不可心虚，也无须低声下气。

要有平常心

对于客户经理来说，要拜访的客户中有自己喜欢的，也有自己不喜欢的，结果有可能是成功的，也有可能是失败的。无论如何，都要摆正自己的心态，不要过于计较得失。只要客户愿意与你商谈，你就有机会，如果是被客户断然拒绝，也不要沮丧。一定要明白：营销不可能一次到位，天底下也不止一个客户值得进行营销。

正确看待闭门羹

这里的闭门羹指的是客户恶意的拒绝。陌生拜访时，客户恶语伤人或者把客户经理扫地出门的事难免会发生，客户经理应该学会对此泰然处之。

备好各种有效证件

在对陌生客户进行自我介绍之后，客户经理要主动出示相关证明或者证件，这样有助于快速消除客户的戒心。

收集资料

尽可能多地收集即将要拜访客户的有关信息，减少工作的盲目性，成功率会大大提高。

加大拜访量

营销工作要以量选优，以优取胜，做营销一定要有庞大的市场信息量和客户拜访量。量大是致富的前提，也是网点提升业绩的前提。有的银行要求每个客户经理每天拨打 30～50 个电话，并且电话的成功率不能低于 10%，目的就是要加大客户经理对陌生客户的拜访量。试想一下，如果一个人打了 50 个电话，有 30% 的成功率，那么他就可以联系上 15 个客户，哪怕只有 10% 的成功率，也可以联系上 5 个客户。

不断地、经常地、持久地进行陌生拜访，广泛地与各类客户接触，进行有目的的筛选，从而发现优质客户，以量取质，然后再进行重点开拓，这是陌生拜访法的技巧。

◎ 注意分寸

营销不可能一步到位。在初次拜访中，客户经理对于客户来说是完全陌生的人，所以客户经理和客户的交流要循序渐进，注意掌握分寸，把握好时间，及时告辞，不要期望第一次营销就取得实质性进展。在初次拜访中，客户经理可以表现得谦虚一些，在一些问题上多请教客户的意见，学会倾听对方的看法，多给客户面子。

此外，客户经理应该注意向客户传达一些有价值的信息。比如，哪一款理财产品的回报率高，英镑、欧元汇率价格走势如何……这些都是银行的权威信息，客户经理要在第一时间让陌生客户清楚自己可以享受哪些优惠政策和优质服务。

◎ 充满自信

第一印象在陌生人心中很重要。客户经理在拜访陌生客户时，态度要谦和、神态要自然、士气要高昂、仪态要大方，要充满必胜的信心，这样可以给客户留下好印象。

◎ 坚持不懈

对于初次接触的事物，出于谨慎心理，大多数人会选择三思而后行，初次拜访陌生客户通常都不会成功，一般都是这个原因。但有些客户并不是不需要这些金融产品，所以客户经理就要进行第二次、第三次拜访，坚持不懈才会取得成功。

客户经理在和陌生客户见面以后，最好给客户发一条短信表达感谢之情。一般情况下，客户会把这个短信保存下来，因为他也有"多一个朋友多一条路"的想法，再次拜访也就水到渠成了。

TIPS

◆ 客户经理每天坐在办公室的椅子上，等着客户把存款、贷款和中介手续费送上门，这就叫"坐椅待币"。"坐椅待币"的结果只能是"坐以待毙"。

◆ 目标营销要建立在市场定位之上，客户经理要去主动营销、主动拜访陌生客户。天下是打来的，市场是抢来的，客户是争来的，财富是挣来的。

◆ 出路——出去才有路，困难——困在家里才难。

第 11 课
用缘故法介绍目标客户——一个好汉三个帮

营销工作有一个很重要的"200法则",即客户经理拥有200个以上的客户资源,成功的概率就大大增加,这叫东方不亮西方亮,否则就很容易被业界淘汰。所以,客户经理要充分利用自己的人脉关系,即用缘故法来确定目标客户,找到更多的客户资源。

"缘故"助你找客源

所谓缘故法,就是指把世界上曾经与自己结缘的人都联系起来,构建起人脉关系网。从某种意义上讲,人脉等于钱脉,关系等于实力,朋友等于生产力。

缘故法是一个新客户经理经常想到的方法,将自己接触过的亲戚、朋友列出清单,从中选出最有关系资源价值的亲朋好友,通过他们帮忙开发新客户。

◎ **缘故法实施步骤**

具体来说，运用缘故法开拓客户分为三个步骤：

列出清单

运用缘故法开拓客户的第一步是清点朋友库存，将自己曾经接触过的亲朋好友名单逐一列举出来。名单中应该包括：与自己父母有关的人、与配偶有关的人、与子女有关的人、上学时期认识的人、相同宗教信仰的人、社会活动中认识的人、在工作中认识的人等。

分类整理

列出清单后，按照一定的标准进行分类整理，以便查阅。一个人的"缘故"是多方面的，一般来说，有两种划分方法："五同法"，即同学、同乡、同事、同好、同邻；"五缘"法，即亲缘、地缘、业缘、神缘、物缘。

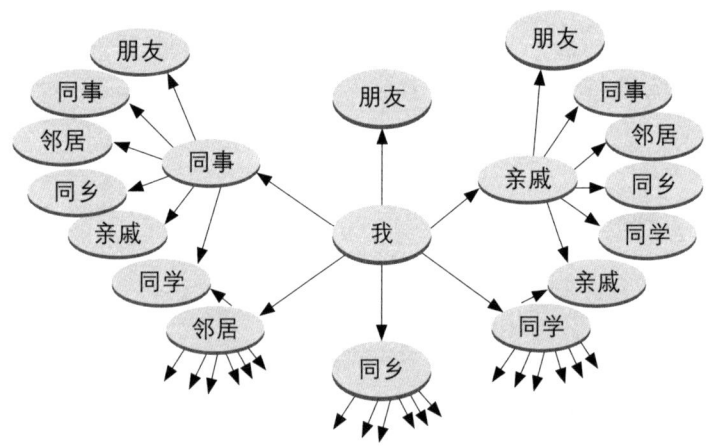

图 2-1 缘故关系图

从图 2-1 中可以看到，一个人的人脉可以很广泛。"我"在中间，周围有"我"的朋友、亲戚、同学、同事、同乡和邻居;亲戚也有自己的朋友、亲戚、同学、同事、同乡和邻居;同事也有自己的朋友、亲戚、同学、同事、同乡和邻居;朋友、邻居同乡和同学一样,都有自己的关系网。通过这样或直接或间接的关系,就形成了"我"的关系网,这就是"我"的缘故图。

填写资料

对亲朋好友进行细分后,营销人员应该将每个人的相关资料填好,越细致越好。这些资料包括:年龄、性别、职业、职务、收入、学历、兴趣爱好、健康状态、家庭住址、理财方式、人生目标、婚姻状况等。在制作资料卡片时,应适当留出空白,以便以后随时补充。

◎ 缘故法的运用

使用缘故法来开拓目标客户,有四个主要特点:第一,容易接近。客户经理不需要过多的寒暄和客套就可以进入主题,节省了大量的时间成本和物质成本。第二,容易自信。从熟悉的朋友开始营销,容易培养起客户经理的自信心。第三,容易起步。市场营销有很多操作技巧,这些技巧需要通过大量实地演练才能慢慢熟悉和掌握,而自己的亲朋好友正是演练营销技巧的好对象。第四,容易成功。以缘故法进行营销比对陌生人营销的成功率要高很多。

基于缘故法介绍客户的特点,客户经理在运用过程中要注意以下几点:

首先,要克服心理障碍。利用缘故法介绍目标客户,往往会遇到心理上的障碍,一是碍于面子,觉得不好意思;二是患得患失,担心营销不成功。其实,向客户营销金融产品,是银行客户经理的职责,无论客户是谁,工作就是工作。另外,作为金融从业人士,有责任向亲朋好友营销金融产品，使他们享受更高品质的金融服务。

其次，千万不要认为是亲朋好友，就可以随随便便，必须诚心诚意为他们着想，真心真意为他们办事，绝对不能马虎。

再者，绝不强迫营销。虽然是你的亲朋好友，但他们没有义务一定要与你所在的银行合作，更没有义务购买你营销的产品。要抱着真诚地请他们来帮忙的心态营销，提供最优质的服务。

最后，不断拓展"缘故"。任何人原有的人际关系，特别是亲朋好友总是有限的，优秀的客户经理总是在不断寻找机会设法创造缘故。

五种朋友不可少

客户经理不能为了业绩而盲目地扩展自己的朋友圈，而要做到目标明确、有的放矢地交朋友。一般来说，有五种人可以纳入参考范围，分别是：有权的人、有钱的人、有智慧的人、有激情的人、有美貌的人。正所谓"近朱者赤，近墨者黑"，跟这五种人交朋友，客户经理就更容易成功。

◎ 有权的人

有权的人是客户经理的资源型客户。例如企业的董事长、总裁等，因为他们是决策的最终拍板人，客户经理要和他们交朋友。

◎ 有钱的人

商业银行是做"钱"的生意，是经营货币的特殊企业。客户经理可以通过商会、工商联、个体私人经济协会、财团等组织与有钱的人交朋友，这叫"圈子营销"。比如，温州商人要来北京投资，客户经理就可以通过温州商会和这些温州老板结交朋友，把他们变成自己的客户。

◎ 有智慧的人

客户经理要多和有智慧的人交朋友，这些人可以帮助我们增长知识。法国作家拉罗什富科曾经说过："智慧之于灵魂犹如健康之于身体。"可见智慧对于人类的重要。

◎ 有激情的人

与有激情的人交朋友可以提高客户经理的活力。人在激情的支配下，常能调动身心的巨大潜力，而且激情是可以传染的，常和充满激情的人交往有助于保持心态年轻。

◎ 有美貌的人

常看美好事物不仅养颜、养眼，更有利于身体健康，交朋友亦是如此。和美貌的人交往，不仅有利于保持美好的心情和旺盛的精力，还能够结交更多的朋友。因为通常美貌的人身边的朋友也很多，人脉资源丰富。

TIPS

◆ 营销工作同样离不开人脉。营销工作有一个很重要的"200法则"，即客户经理拥有 200 个以上的客户资源，成功的概率就大大增加。

◆ 客户经理要和以下五种人交朋友：有权的人、有钱的人、有智慧的人、有激情的人、有美貌的人。

第 12 课
用关系法开发目标客户——连锁式营销

关系法是一种比较有效的寻找潜在客户的方法,可以大大避免寻找目标客户的盲目性,有助于客户经理赢得未来新客户的信任。而且,老客户介绍的新客户大多是他们熟悉的人,提供的信息也会比较准确而详细。

连锁式开拓

客户经理要建立客户关系网,仅靠个人力量是不够的,还要让客户给自己介绍客户,利用关系法开发目标客户。也就是说,客户经理在寻找目标客户的过程中,可以通过老客户、老关系来发展新客户,再通过这些新客户联系其他目标客户,不断进行连锁开拓。社会学家研究表明,一个客户最少可以带来 5 个客户,最多可以带来 49 个客户。

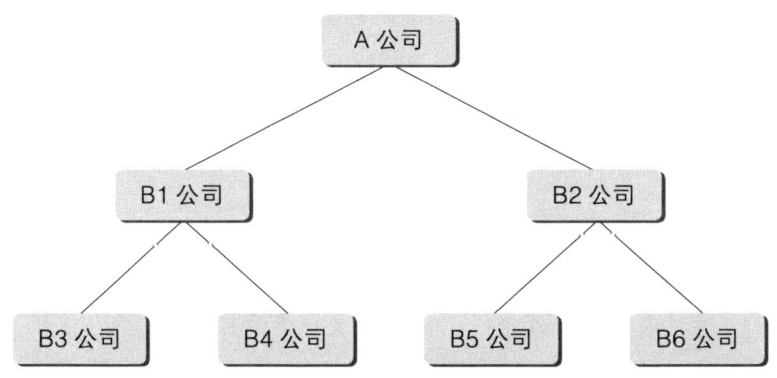

图 2-2 利用关系法开发目标客户

如图 2-2 所示,如果你和某集团公司的总部 A 公司有合作,就要想办法让它的子公司 B1 公司、B2 公司也到你的银行开户;如果你和 B1 公司有业务往来,就要想办法通过 B1 公司结识它的上游 A 公司和下游 B3 公司和 B4 公司。

关系法的特点是:利用他人的影响力,延续客户,建立口碑。当某一客户与你签约,他就会从心底里接受你,以后有机会他就可能为你介绍他的朋友。因此,客户经理要与现有客户建立紧密关系,再利用他们的影响力,发展新的客户关系,然后和这些新结识的客户形成亲密关系,接着请这些新朋友再介绍新客户。这样一来,客户关系网就可以无限地拓展下去。

下面看两个连锁式开拓的案例。

客户经理小李:"您好,刘老板,我是某银行的小李。您最近又挣大钱了吧?挣大钱得想着我呀,您多给我们介绍点客户啊!"

老客户:"你想要什么样的客户?"

客户经理小李:"跟您一样就最好了。您看您这两天有时间吗?明天或者后天我去看您,咱们谈一谈客户的事。"

老客户:"不用,我现在正好有一个朋友可以介绍给你。"

要想成功营销,就一定要渗透到客户的朋友圈里,利用最广阔的资源,创造出最好的业绩。

客户经理:"王总您好!我是××行客户部经理,我叫王新。请问刘伟红是您的老朋友吗?"

目标客户:"是啊,您也认识他?"

客户经理:"刘总也是我的好朋友,是他介绍我来拜访您的。刘总对您在事业上的成就赞不绝口,说您待人和善,是位白手起家的优秀企业家,有许多传奇的故事。"

目标客户:"其实,我是个很平常的人。"

客户经理:"您太谦虚了!前一阵子,通过我的介绍,刘总的公司与我行签订了全面合作协议,把基本账户转到了我行,我行为他的公司提供了5亿元的授信额度。他认为我行实力强大、管理规范、服务优质、科技先进,同时认为我这个客户经理够专业,服务也好,很乐意支持我的工作,所以,他就介绍我和您联系。"

目标客户:"好啊,那我们找时间见个面吧!"

关系法运用四部曲

银行客户经理在运用关系法开拓客户的时候,基本上分为以下四个步骤:

第二章
擦亮眼睛，寻找目标客户

◎ 让客户认同你

要想让客户把他的朋友介绍给你，你首先应取信于他。只有客户认同你，愿意与你做朋友，才愿意帮你介绍客户。想赢得现有客户的信服、敬重与工作上的配合，从而获得他的介绍和帮助，客户经理必须有诚恳的营销态度与热情的服务精神。

◎ 让客户认同你的金融产品

要想让客户把他的朋友介绍给你，必须首先让客户认同你的产品。如果客户觉得你营销的金融产品非常好，这么好的产品他应该和朋友一起分享，那么不用你多费口舌，他自然乐于向朋友介绍你及你的产品。

◎ 要求转介绍

开口开口，业绩到手，当客户认同你的产品时，你就要敢于开口，让客户帮忙转介绍新客户。比如："周老板，记得您跟我提过和您一起做生意的万老板，您能不能把他的情况给我介绍一下，让我也为他服务？"

许多客户经理在运用关系开拓法时，往往会遇到一些心理上的难题。比如，市场营销琐碎的事情很多，客户经理很容易把精力集中在争取与客户签约、营销产品这个焦点上，忘记再请客户介绍其他客户。再比如，有些客户经理觉得客户同意签约已经"够意思"了，再请他介绍其他客户，未免有点得寸进尺。还有的客户经理往往营销技巧有限，虽然想到了关系开拓法，却不知从何说起，只好作罢。其实，客户经理最大的心理障碍不是别人，而是自己，只要克服内心的恐惧，一切就水到渠成了。

另外，对现有客户介绍的新客户，客户经理应进行详细的评估和必要的营销准备，尽可能多地从现有客户处了解新客户的情况。

◎ 真心感谢客户

客户经理在访问过新客户后，应及时向现有客户（介绍人）介绍与通报情况，并表示感谢。比如，"周老板，非常感谢你给我介绍这么好的客户，真的非常感谢！"不管他当初是出于什么考虑给你介绍客户，你的真诚感谢都能继续争取其合作和支持。

通过以上步骤，客户经理的客户关系网就建立起来了。一般情况下，如果客户对你和你的产品认同度高，他会很乐意给你介绍他的朋友，特别是他生意上的朋友，让大家都来享受你高品质的服务。

TIPS

◆ 关系法的特点是：利用他人的影响力，拓展客户，建立口碑。当某一客户与你签约，他就会从心底里接受你，以后有机会他就可能为你介绍他的朋友。

◆ 关系法是一种比较有效的寻找潜在客户的方法，可以大大避免寻找目标客户的盲目性，有助于客户经理赢得未来新客户的信任。

◆ 社会学家研究表明，一个客户最少可以带来5个客户，最多可以带来49个客户。

第三章
搜寻情报，接近目标客户

接近客户，是商谈之前客户和客户经理互相试探的阶段。寻找客户时确定了客户的定位，接近客户的任务就是为成交打好基础。客户经理要做好预约工作，准备一个万全的计划，精力充沛地面见自己的"衣食父母"。

第 13 课
收集客户情报——知己知彼，百战不殆

在金融营销工作中，优秀的客户经理大都十分善于收集情报资料，善于打"情报战"。他们把营销活动变成自己的"家庭作业"，即随时随地对情报资料进行收集、整理，再信心百倍地敲开客户的大门。

个体情报

情报记录比大脑记忆更重要，搜集客户情报资料是客户管理中最根本、最基础的工作。曾有客户经理把需要收集的客户个人资料分为 9 个方面，共 100 个问题。也许未必会使用到所有问题，可以按情况从中挑选一些，但一定要有思维脉络，尽可能涉及需要的全部情报。

◎ **基本资料**

客户的基本资料包括：姓名（绰号）、身份证号码、职称；家庭住址、电话及传真；公司名称、地址、电话及传真、注册编号；民族、户籍、

国籍；生日、血型、身高、体重；等等。

客户经理对客户的基本资料一定要掌握准确，千万不能出差错。中国有一个传统，那就是"大丈夫行不更名，坐不改姓"，中国人对自己的姓名非常敏感，若在这里犯错误，可能要付出很大的代价，客户经理一定要倍加小心。

◎ 专项情报

客户的专项情报包括：教育情报、家庭情报、人际情报、事业情报、生活情报、性格特长和内涵情报、经历情报、对本银行态度情报，等等。

教育情报

教育情报包括：高中（起止时间）、大学（起止时间）、研究生（起止时间）；最高学历，主修专业；在校期间所获奖励；在校期间参加的社团（职位）；最喜欢的运动项目；对文凭的看法等。客户经理掌握客户的受教育情况，有利于了解客户的文化水平，更有效地与其进行沟通。

家庭情报

家庭情报包括：已婚或未婚；配偶姓名、教育程度（学校）、兴趣、专长、生日及血型；结婚纪念日；有无子女；子女姓名、生日、教育程度（学校）；对婚姻的看法、对子女教育的看法；家庭总体状况等。

了解客户的家庭背景，投其所好，对症下药，是不少客户经理赢得成功的撒手锏。如一位客户经理了解到客户的儿子喜欢集邮，在与客户见面时送上一些有纪念价值的邮票，迅速得到了客户和其家人的好感。

人际情报

人际情报包括：主要亲戚情况（姓名及职业）；与亲戚的关系；接

触最频繁、最要好的亲戚；主要朋友情况（姓名及职业）；与朋友的关系；邻居情况（姓名及职业）；与邻居的关系；最接近、最要好的邻居；对人际关系的看法；人际关系总体状况等。

客户代表的人际关系是非常重要的情报。有些客户经理就是利用客户的朋友与客户进行认识，或者在营销的关键时刻、关键环节请客户的"铁哥们儿""铁姐们儿"出面帮忙，往往会收到事半功倍的效果。

事业情报

事业情报包括：以往就业情况（起止时间）、公司名称、公司地点、职位或职称（年收入）；目前公司职位（年收入）；在目前公司中的地位；对目前公司的态度；是否参加公司内部社团；以前工作的公司中哪些员工认识这位客户；目前公司员工对该客户事业态度的评价；现在最满意的个人成就或公司福利等。

掌握了客户事业成功的主要信息，就可以准确地找到赞美的方向，有针对性地"拍马屁"、赞美对方，获得对方的好感。

生活情报

生活情报包括：过去的医疗病史；目前的健康状况；是否喝酒（种类，酒量）、对喝酒的看法；是否吸烟（种类，数量）、对吸烟的看法；喜欢在何处用餐、喜欢吃的菜；生活态度、有没有座右铭；休闲习惯、度假习惯；喜欢的运动、比赛；喜欢的聊天话题；对哪种成就最骄傲、对哪种失败最沮丧；个人目标；日常生活的总体状况等。

掌握客户生活习性，就可以有的放矢地进行场外营销，私下联谊。客户喜欢吃川菜，如果你带他去吃粤菜，他肯定吃不痛快；客户喜欢吃鲁菜，如果你带他去吃湘菜，他可能一顿饭都下不了筷子；有些人对海鲜过敏，如果你请他吃海鲜，他当场就会犯病。

第三章　搜寻情报，接近目标客户

性格特长和内涵情报

性格特长和内涵情报包括：曾参加的俱乐部或社团，目前所在的俱乐部或社团；是否热衷政治活动；在所住社区与地方参与的活动；宗教信仰（态度）；忌讳；重视的事情；特长；喜欢看的书的类型；专业能力如何；内涵状况的总体评价等。

了解客户的性格特长，并对其加以赞美，也是一些客户经理博得对方好感的手段之一，如果做到了这一点，你就离营销成功不远了。

小王是一家银行的客户经理，他去拜访郭厂长前做过调查，知道郭厂长爱好书法，因此做了一些准备。小王走进郭厂长的办公室时，发现墙上挂着郭厂长写的条幅。小王马上就称赞郭厂长的书法有功力，还与郭厂长就书法问题交谈了心得体会，短短的一次见面，小王就得到了郭厂长的信任。没多久，郭厂长就将基本账户从其他银行转到了小王所在的银行。

经历情报

经历情报包括：对目前经历的综合看法，十年后的目标，人生的最终目标，目前最想完成的事，目前最满足的事，目前最遗憾的事，目前最想强化什么，目前最想克服什么，经历状况的总体评价等。

对于客户经理来说，了解营销对象的经历有助于寒暄时拉近双方的距离，在恰当时间提出拜访的目的，成交也就水到渠成了。

比如，有一位客户经理了解到客户代表和自己一样，都曾在部队里当过团长。他和客户一见面就开始谈如何带兵，双方谈得津津有味，经过几次接触，两人变成了好朋友，最后在很短的时间内迅速达成了合作协议。

对本银行态度情报

对本银行态度的情报包括：客户对本银行或竞争对手的意见和看法；与本银行初次业务往来日期；目前与本银行业务往来情况；与本银行关系如何；本银行能否协助他解决问题、如何协助；竞争者能否更好地解决客户的问题；与其他银行合作情况，对哪家银行、哪个客户经理最偏爱等。

其他情报

其他情报还包括：客户有哪些道德顾虑，是否愿意接受他人的建议来改变自己，是否重视别人的意见，是否非常固执，待人处事的风格，管理能力上是否有问题，与管理层是否有冲突，其他可供参考的资料。

要特别强调的是，客户经理要以对待朋友之心去运用收集到的情报资料，不能刻意去笼络客户、功利性地讨好客户。比如，有的客户经理平时不和客户联系，等到需要拜访客户时，才忙着打电话寒暄、送礼物上门，这样的行为是非常令客户反感的。

团体情报

客户团体情报包括：客户单位的经营情报、客户单位的管理情报、客户所处行业的情报。团体资料的收集工作比较复杂，需要一个积累的过程，客户经理可以分步进行，分类分析。

◎ 客户单位的情报

客户单位的情报包括经营情报和管理情报。

客户单位的经营情报包括企业的规模、企业所处的发展阶段、产品多样化、经营目标、企业产品与市场分析、企业的采购环节、生产环节、销售环节等情况。

客户单位的管理情报包括企业的组织形式、管理层的素质和经验、管理层的稳定性、经营思想和作风、关联企业的经营管理、员工队伍、内部控制与管理、财务管理能力等情况。

客户经理小姚通过朋友认识了一家公司的财务总监,当时这位财务总监的公司正好有意做一个理财项目,于是请小姚赶快做一个金融理财方案。小姚按他说的做了,经过反复修改,财务总监觉得很不错,让小姚半个月后去公司签约。

没想到,半个月后,财务总监对小姚说:"不好意思,昨天,我们总经理办公会决定,由另外一家银行为我们做理财项目,那家银行的客户经理还参加了我们的总经理办公会。"

原来,在小姚等签约的半个月里,竞争对手并没有闲着,他做了三件事:第一,通过公司财务部,知道这家公司有规定,决策超过一亿元的项目需要总经理办公会决定;第二,通过办公室的办事员,得知召开总经理办公会的时间,并搞清楚有哪些老总参加;第三,在总经理办公会召开之前,对参加会议的老总一一进行拜访,向他们全面介绍了自己银行理财产品的好处。

这就是知己不知彼的后果。案例中的小姚没有弄清楚客户公司规定"超过一亿元的项目需要总经理办公会做决定",浪费了半个月的时间,让竞争对手钻了空子,最终营销失败。

◎ 客户所处行业的情报

每个企业都处在某一特定行业中,每一特定行业因其所处的发展阶段和发展状况不同而具备特有的行业效益与风险。尽管这种效益和风险都有一定的阶段性特征，但在同一行业中的企业可能需要共同面对某些基本一致的效益和风险。客户经理可以通过分析客户特别是借款客户所处的行业，评估其可能正在或即将面对的行业变化趋势，进一步分析这种变化趋势对借款客户还款能力的影响程度和方向，从而找到影响贷款偿还的行业变化因素，以便采取针对性措施，或调整贷款的行业投向政策，以避免行业风险演变成信贷风险。

一般而言，收集企业的行业情报主要包括以下内容：

行业特征

行业特征主要是指某一行业的成本构成、赢利性、对其他行业的依赖性、产品的可替代性等方面有别于其他行业的特点。

行业演化规律或行业周期

一个行业的成长一般要经历四个主要阶段，即导入阶段、成长阶段、成熟阶段和衰退阶段。在市场经济条件下，企业因其行业所处的发展阶段不同而面临不同的风险和机会。仔细分析客户所处行业的发展阶段，客户经理就有可能预见客户所面临的挑战，从而预防贷款风险。

行业内的竞争

行业整体分析只能够解决整个行业所面临的共同问题，对行业内的各个企业而言，还面临着同行业内其他企业的竞争，这种竞争随着行业的不同而不同。客户经理对这种竞争要有一定的了解，并由此做出风险评估。

国务院国资委财务监督与考核评价局每年都会发布一套《企业绩效评价标准值》的资料，里面容纳了所有行业指标。比如，2015年某行业的净资产收益率平均值是5.8，良好值是9.3，优秀值是12.6，较低值是 0.6，较差值是 -8.9。总资产报酬率、销售利润增长率、现金保障倍数、成本费用率、资产质量状况，也都包含在这套资料中。

银行每年订这套资料的好处有很多，因为这套资料中的数据很权威。如果客户经理手里有这一套行业资料，在为客户做理财参考时，客户要选择投资什么行业，你就可以告诉他哪个行业最赚钱，这个行业成本率和投资回报率如何；要做一个企业的贷款，客户经理就可以论证这个企业在全行业的状况是平均值还是优良值，银行能不能将贷款贷给这个客户。有了这些资料，客户经理做出的判断就不是经验之谈，而是出自科学的理性判断，是理性决策、科学决策。

综上所述，情报资料对客户经理来说非常重要，客户经理要做好随时储存情报资料的准备。

TIPS

◆ 优秀的客户经理大都十分善于收集情报资料，善于打情报战。他们把营销活动变成家庭作业，即随时随地对情报资料进行收集、整理，再信心百倍地敲开客户的大门。

◆ 行业整体分析只能够解决整个行业所面临的共同问题，对行业内的各个企业而言，还面临着同行业内其他企业的竞争，这种竞争随着行业的不同而不同。客户经理对这种竞争要有一定的了解，并由此做出风险评估。

第 14 课
制订访问计划——不打无准备之仗

做营销要时刻准备着。没有准备就是在准备迎接失败,成功的次数和准备的程度成正比,好运就是当机会来了的时候,你已经准备好了。

营销要打提前量

一个人在一个城市生活久了,坐飞机、坐火车一般不会误点,因为基本掌握了堵车的时段和路段,在出发之前就做好了准备。营销也是一样,要打好提前量。

对于营销来说,"一天之际在于晨"并不适用,营销的"一天之际"在于前一天晚上。作为一个客户经理,打算营销什么客户、卖什么产品、坐什么车、跟谁一起去,在前一天晚上就要做好准备。如果一切等到当天早晨再来考虑,难免会有遗漏。

"一年之计在于春"用在营销上也是错误的,营销的"一年之计"在于冬天。优秀的银行每年的营销大会都是在9—12月份召开,分配任务，储备项目，部署营销安排，之后做出行动。只要各种前期准备工作到位，第二年的1月1日，存款就进来，贷款就放出去，中介佣金收入就开始芝麻开花节节高了。而有些银行，1月份开始调查、2月份研究、3月份开会、4月份传达、5月份执行，这个时候黄花菜都凉了。

做营销要记住两个关键词：营销前置和终端拦截。所谓"营销前置"，就是把自己的准备期朝前移。"终端拦截"是指在目标客户尚未和其他银行成交之前，客户经理就要拦截营销。只要客户与其他银行的协议还没有签，营销成功的机会都是存在的。

有备才能无患

客户经理每次拜访客户前，都要做好准备，制订访问计划。在访问计划中，一定要包含九项必要内容：拜访目的、拜访内容、拜访时间、拜访对象、拜访地点、拜访方式、拜访路线、拜访策略、营销工具。

表3-1是一个客户经理制订的拜访计划表，可以作为参考。

表3-1 新开发客户拜访计划表

拟拜访客户单位名称	烟草公司	客户代表及职务	张××（财务处长）
本行访客代表	孙××、吴××、王××、刘××		
拜访形式	上门拜访	拜访地点	烟草公司9楼
拜访目的和任务			
一、进一步明确与烟草公司的合作关系，特别是建立与张处长的个人感情关系。 二、具体了解烟草公司关于建立资金结算中心，对全系统资金实行"收支两条线管理"的金融服务需求，为下一步制定金融服务方案提供依据。 三、征求烟草公司对我行金融服务工作的意见。 四、了解金融竞争对手对烟草公司的营销工作情况。 五、邀请张处长及三位科长在××酒店共进晚餐。			

续表

营销策略
一、优势营销：着重宣传我行在机构网点、科技网络、服务功能、与烟草系统的长期合作经验方面的四大优势，让客户相信我行能保证满足其结算资金实时汇划、财务信息实时查询、金融需求实时受理的金融服务需求，实现资金封闭运行，达到"收支两条线管理"的目的。 二、联动营销：由分行公司业务处牵头，分行营业部、××支行参加，组织联合营销小组。 三、正式面谈与场外营销相结合：正式面谈以优势营销为主，着重强调与烟草公司建立多赢的战略联盟合作关系；场外营销以情感营销为主，着重强调与张处长建立可信赖的朋友关系。

拜访时间	×年×月×日下午3时	本次拜访次数	第3次
拟带的营销工具			
一、以分行名义用正式文件给烟草公司发一个关于为烟草公司资金"收支两条线管理"提供优质金融服务的函，并带上两份，送烟草公司办公室和财务处各一份。 二、我行近三年来为系统性、集团型客户提供"资金收支两条线管理"金融服务的协议文件汇编（客户见证，品牌营销）。 三、金融宣传品。			

◎ 明确拜访目的

有的客户经理认为只有初次拜访才需要明确目的，其实不然。对于银行客户经理来说，每次拜访都要明确目的，比如，要与客户建立关系、了解客户金融需求、收集情报、金融产品介绍、深度了解、公关联谊、达成合作等，然后根据拜访目的做营销前的准备工作，并决定拜访的工作重点。

举例来说，一位客户经理要对某位客户进行初次访问，目的是相互认识或问候、介绍银行情况。在这种情况下，客户经理就不能占用客户太多时间，以免引起客户的反感，影响更深入的拜访。如果是第三次拜访客户，拜访目的就可以明确为向客户营销某种或某个系列的金融产品，客户经理要先了解客户的心态，探知客户目前的关注点是什么,让客户对介绍的金融产品有兴趣,并思考下次访问的要点。

明确拜访目的后,最好用笔写下来,方便商谈的时候作为参考。值得注意的是,千万不要照本宣科地念自己的笔记,这会给客户留下很不专业的印象。

◎ 明确拜访内容

客户经理拜访客户的内容是全方位的,凡是目标客户有关的情况都属于拜访内容,但是具体落实到每一次的拜访行动,则各有侧重点。因此,在准备拜访计划时,应当视了解程度进行具体安排,切勿盲目套用、固守成规。

◎ 明确拜访时间

拜访之前,最好先用电话或者其他方式预约,以确保客户在约定的时间有空见面。此外,预约时,最好告诉客户大概会占用多长时间,这样既节约了你的时间,又让客户有了心理准备,便于商谈顺利进行。

◎ 明确拜访对象

明确拜访对象可以减少工作的盲目性。客户经理在拜访前要对本次拜访对象做适当挑选,是拜访财务部门负责人或办事员,还是拜访客户单位分管财务的领导人,拜访对象的姓名、担任什么职务,事先都要弄清楚。

◎ 明确拜访地点

确定拜访在哪里进行,是在客户办公室,还是把客户请到银行的办公室,或是约到咖啡馆等。一般来说,见面地点通常由客户来确定,这样能够充分体现出客户经理对客户的尊重。

◎ 明确拜访方式

具体的拜访方式一定要与客户约定好，正式还是非正式、公开还是私下、集体还是单独，这有助于客户经理在心理上做好准备，不至于临场慌乱。

◎ 明确拜访路线

很多客户经理没有养成在约客户见面之前，事前规划好路线和区域的习惯，导致浪费大量时间成本。优秀的客户经理会统筹安排拜访路线，尽量将同一区域的客户集中在一个时间段内拜访，从而节约了大量的交通时间，提高了拜访效率。

◎ 明确拜访策略

拜访目标客户是一个动态的系统工程，包括见面前的预约，见面时的问候，见面后的接触、交谈，最后辞别等一系列要素。对于客户经理来说，为了确保营销成功，在制订访问计划时，这些方面都应当有所提及，并做出周密的安排，做到心中有数。

◎ 准备好营销工具

客户经理在拜访客户前，要准备好随身携带的营销辅助工具，比如本银行金融产品说明书、名片、计算器、宣传品、有关文件资料、介绍函等。这样既有利于引起客户的注意和兴趣，还有助于使介绍更加直观、简洁和专业，从而避免介绍产品时有所遗漏，可缩短拜访时间，提高成功率。

需要注意的是,客户经理在出门前应该检查一下营销工具在公文包里的摆放位置,千万不要当着客户的面满头大汗地翻找,否则会显得非常失礼。

TIPS

◆ 对于营销来说,"一天之际在于晨"并不适用,营销的"一天之际"在于前一天晚上。"一年之计在于春"用在营销上也是错误的,营销的"一年之计"在于冬。

◆ 做营销要记住两个关键词:营销前置和终端拦截。所谓"营销前置",就是要把自己的准备期向前移。"终端拦截"是指在目标客户尚未和其他银行成交之前,客户经理要实行拦截营销。只要客户与其他银行的协议还没有签,营销成功的机会都是存在的。

第 15 课
约见目标客户——明朝有意抱琴来

制订好访问计划后,接下来的工作就是约见目标客户。在这个环节中,客户经理需要注意两个方面,一是恰当的进入时机,二是有效的约见方法。

把握进入时机

无论是去拜访陌生客户还是老客户,客户经理都要找一个"由头",这叫切入口,也叫商机管理,即商业机会管理。切入口找得好,会显得拜访很自然,否则会让客户以为客户经理是在找借口。所以,找准进入时机,对客户经理来说非常重要。

客户经理拜访客户的切入口有很多,主要列举如下:

◎ 客户发生重大体制变革时

客户机构的合并或分离、资产重组、行政管理体制变革等,都是客户经理进入并对其进行公关、寻求合作的最佳时机。

比如，电力体制改革，一分为十一，打破了电力系统原来的银行开户格局，新客户就会重新选择银行，客户经理的机会也就来了。

◎ 客户经营管理方式发生重大变革时

比如，某家客户原来是总公司核算、集团核算，后来改为子公司核算。这时，这些子公司在你的银行就转成了独立法人，就增加了很多可供营销的客户。如石油、法院、烟草等行业系统实行"收支两条线管理"，一些大企业集团对所属企业的销售资金实行集中式管理，等等，这些都为客户经理进入这些系统性、集团性大客户，并与其建立战略性、长期性、紧密型合作关系提供了良机。

◎ 客户发生重大人事变动时

当客户的主要负责人、分管财务的负责人、财务或资金管理部门负责人中有一个人出现职位变动，都是客户经理进入的极佳时机。

比如，一家公司换了新的财务总监，新的财务总监可能不喜欢之前合作的银行，客户经理就可以利用"喜新厌旧"策略，借此机会进行营销。如果新来的财务总监仍然喜欢原来的开户银行，客户经理就可以利用"喜新不厌旧"的策略，用不忘老朋友结交新朋友的方法进行营销。客户经理可以对新任财务总监说："我知道你们这家公司与某某银行的合作关系一直很融洽，我知道您是一个很讲诚信的人，但我希望您在不忘老朋友的同时，能结交我这个新朋友，感受下我们银行全新的服务。"

◎ **客户与原合作银行发生重大矛盾时**

当竞争对手服务得不好或者银行发生经济案件,满足不了客户的资金需求时,客户经理就有机会了。这时一定要学会当"第三者",乘虚而入,实施"钻空子"策略,把它行的客户当作我行的资源,把他行的业务当作我行的市场,主动出击,为客户提供比竞争对手服务质量更优、产品性能更佳、科技含量更高的产品和服务,从而把竞争对手的客户变成自己的客户。但一定要切记,千万不要用恶语诋毁竞争对手,只能用高品质的服务来战胜对手、赢得客户。

◎ **客户举办重大庆典活动时**

当客户举办工程竣工、大楼奠基、厂庆等重大庆典活动的时候,客户经理如果代表银行以祝贺的名义上门拜访,并参加庆典活动,客户一定会非常高兴,从而为以后开展公关活动打下良好的基础。

◎ **客户生产经营遇到暂时重大困难时**

当一个人遭遇不顺时,落井下石者多,雪中送炭者少。当客户遭遇经营困难,急需银行帮助时,如果客户经理可以急客户之所急,主动为客户排忧解难,尽自己的绵薄之力,纵然不能帮忙解决困难,客户也一定会铭记于心,长久难忘。之后,客户经理再接触该客户,必将水到渠成。

条条大路通客户

现代社会生活节奏很快,大老板、董事长和大型企业的高管人员都很忙,客户经理在拜访客户前,最好通过一定的方式先与之预约,从而提高拜访的成功率。

客户经理约见客户的方法很多，包括电话约见、信函约见、托人约见、当面约见等，可谓是"条条大路通客户"。下面主要介绍下电话约见和信函约见客户的方法，供客户经理参考。

◎ **电话约见**

电话营销省时、省力、省成本，传递信息、销售产品、增加利润的速度都很快。

电话约见时，客户经理需要注意的方面很多，以下列出几个主要方面：

第一，预先做好准备。在打电话约见前，客户经理要做一些准备工作，确保约见成功。首先，要做好有关资料和工具的准备。左边摆放当天所有要打电话约访的客户资料；右边放着日历，便于合理安排拜访客户的时间，可以把位置相邻的客户集中安排在某一时间段。其次，要做好心理准备。打电话前心理要放松，想象接电话的客户就坐在办公桌的对面，而且不要对电话预约成功抱太高的期望。

第二，要面带微笑。客户经理在打电话时，要用笑声感染客户。这要求客户经理打电话时坐姿要保持自然舒适，最好在面前放一面镜子，提醒自己时刻微笑。

第三，注意文明用语和说话顺序。客户经理给客户打电话时，旁边要摆放电话约访流程的公式和电话约访拒绝处理的公式，与客户交流时严格按流程公式，要求自己措辞专业化；旁边最好放着常见拒绝处理的话术，碰到类似问题时可以及时引用，新问题可以先记下，根据拒绝处理公式处理，事后再进行演练。

第四，谈吐清晰，条理分明。打电话时千万不要拖泥带水，语言要简洁，层次要分明，表达要清晰。要尽量简明扼要、突出主题，不要拐弯抹角、词不达意、不知所云。

第五，掌握通话时间。打电话的时间一定要控制好，特别是新客户，没人喜欢在电话里和素不相识的人长篇大论地聊天，客户经理一定要切记这一点。

约见客户有个很重要的技巧，就是让客户进行选择，这叫"二择一法则"。也就是说，在约见客户的时候提出两个方案，让对方有选择的机会，并且让对方感觉是自己做出的决定。

情景一

客户经理："张老板，您好！我是某银行的客户经理小刘，我想去拜访您。您看您是今天下午三点半有时间，还是明天上午九点半有时间？"

目标客户："我今天下午开会，那就明天上午九点半吧！"

情景二

客户经理："张老板，我想去拜访您，您的财务部经理跟您说过了吧？您看我是到您公司去，还是请您到我们银行来？"

目标客户："欢迎你到我们公司来参观。"

上面两个情景中，客户会感觉选择权在自己手中，是自己在做决定，实际上无论客户做哪个选择，都在客户经理的掌握之中。

◎ **信函（电子邮件）约见**

信函约见主要用在客户经理接触目标客户前，先寄发有关资料或发电子邮件给计划拜访的客户，目的在于引起客户的兴趣，让客户愿意会面。用信函（电子邮件）约见目标客户，主动性强、覆盖面广、保密性强，表达的内容丰富而简要，可以弥补电话约见的缺陷，能够体现独特的文化风度。

在信函中，可以写上很理性的观点，可以提供很感性的实例，但一定要包含寒暄、自我介绍、赞美肯定、提出拜访要求、约定拜访时间等基本内容。

约见跨国公司的客户最好使用公函，因为公函的形式非常正规，表示了对国际友人的尊重。同时要注意文字的翻译，一般情况下英文版本是必备的，如果是寄给法方代表，还要把公函翻译成法文，如果是寄给日方代表，就要翻译成日文。

尊敬的孙处长：

您好！

我是××行客户部经理，我叫王新。

请原谅我冒昧地给您写信。虽然我们素昧平生，但您的大名早已如雷贯耳。祈盼有机会与您相识。

您认识韩冰先生吧，他非常敬佩您，说您是一个总走在时代前沿的领潮人，特别是对网络经济有较深的研究，对网络金融新产品很感兴趣。我和韩冰先生也是多年的好朋友，合作了很久，相处得非常融洽。他说您是个远见卓识的人，建议我多向您学习。

最近我行开发了一种新的公司客户理财服务产品，很受欢迎，尤其适合你们这种优良的大型集团公司使用。我就此产品对应贵公司该如何使用，草拟了一个方案，先寄给您，您可以大致了解一下。如果您有时间，我想下周登门拜访您，给您做个详细的介绍，您看行吗？

如果您觉得方便的话，请您定个时间，让您的秘书通知我。我的手机号码是……

祝您新年行大运，事业兴旺，家庭幸福！

×××

× 年 × 月 × 日

TIPS

◆ 客户经理要学会当"第三者"，懂得适时乘虚而入，实施"钻空子"策略，主动出击，为客户提供比竞争对手服务质量更优、产品性能更佳、科技含量更高的产品和服务，把竞争对手的客户变成自己的客户。但一定要切记，只能用高品质的服务来战胜对手、赢得客户，千万不要用恶语诋毁竞争对手。

◆ 当客户遭遇经营困难，急需帮助时，勇于雪中送炭，主动为客户排忧解难，尽绵薄之力，纵然不能帮忙解决困难，客户也一定会铭记于心，长久难忘。之后，客户经理再接触该客户，必将水到渠成。

第四章

善于倾听，智慧面议商谈

做好前期准备之后，就迎来了营销的主要环节——面议商谈。在这个过程中，要求客户经理具备许多素质，如善于沟通、学会倾听和巧妙问答，运用这些技巧来向客户介绍产品、提出提议。

第 16 课
正式接触客户——套好近乎消戒心

无论是搜索目标客户、确定目标客户、收集客户情报,还是制订访问计划,一切准备工作都是为了正式接触客户,所以客户经理要寻找客户的突破口,在谈话中找到客户的需求点,继而展开营销,一步步突破营销关口的第一道防线。

树立良好的第一印象

营销需要不断地与陌生人接触,给客户留下良好的第一印象对于客户经理来说非常重要。

◎ 刹那即是永恒

第一印象具有不可磨灭的力量。第一印象总是最鲜明、最牢固、最深刻的,并且关系到交往能否继续,以及交往的程度,是以后交往的基础。

良好的第一印象也是对客户恭敬的表现和延伸。多数客户在与客户经理第一次接触时，都会本能地竖起防卫的盾牌，使双方之间形成一种紧张的状态。如果客户经理能够投其所好，让客户一见面就产生"一见如故"的感觉，客户就会卸下防御盾牌，张开双臂欢迎你，双方的紧张状态也就随之消除，营销工作就变得容易了。

◎ 如何树立第一印象

树立良好的第一印象，需要客户经理在完善内在修养的同时，做好外在的"包装"。

自重待人、诚恳待人

客户经理必须相信自己，尊重自己，务求自然大方，而且不能自傲，要秉持自重、诚恳的心态对待和尊重客户，用心待人，让客户感受到真诚。

注意仪表

为了给初次会面的客户留下一个好印象，客户经理在和客户见面之前要整理好自己的仪容，包括整理服饰和面容两个方面。整体着装要与见面的场合相宜，特别要注意头发、裙子、领带、鞋子等容易忽略的小细节。一个人面部会留给对方深刻的印象，所以需要进行适当的修饰，尤其需要注意的是，女士的妆容不应过于浓艳。

时刻保持微笑

微笑是世界通行的语言，是表达恭敬、树立良好的第一印象强有力的手段。对于客户经理来说，适时微笑、笑口常开会给自己带来好运。在和客户首次见面时，一个符合职业要求的微笑不仅可以缓和谈话的气氛，也有助于放松自己的心情。

语言表达要清楚

客户经理和客户谈话时务必声音洪亮，语言流畅、幽默，将自己的观点表达清楚，千万不要支支吾吾、含糊其辞。另外，最好用普通话进行交流，如果普通话说得不标准，可以通过减缓语速弥补不足。

注意肢体语言和目光接触

肢体语言是人类的第二语言，客户经理在和客户见面时，一定要注意优雅得体，端正自己的站姿、坐相和步伐，举手投足之间可以表现得热情，但不可过于亲昵。和客户进行视线交流时，客户经理的目光中要充满热情与诚意，传递出坚定与执着，要表现得专注，但不要刻意伪装。另外，目光接触的时间平均不超过两秒，太长会使客户感到咄咄逼人、具有攻击性，太短会使客户感觉你心不在焉或者局促不安。

严格遵守时间

遵守时间是最基本的职业道德。和客户第一次见面时，客户经理最好提前赶到，并借此时间最后检查一遍自己所做的准备。既定的约会时间结束之后，客户经理要准时离去，一方面显示约会的机会难得，一方面也是尊重客户的表现。

注意客户的"情绪"

每个人都会有情绪的高潮期和低潮期。客户情绪的变化是无法事先掌握的，如果初次会面时，觉察到客户的情绪处于低潮，注意力无法集中，客户经理就应该当机立断，果断结束谈话，预约下次会面的时间，礼貌地起身告辞。这时的撤退不是放弃，而是给客户空间，以便于下一次营销。

寻找营销突破口

成功的营销是由98%对客户的了解和2%对产品的介绍构成的。潜在客户总是会问两个问题：这个金融产品和服务对我有什么好处？我可以信任你这个人吗？客户经理要想回答好这两个问题，就需要挖掘客户的需求，了解客户的期盼，投客户所好。

◎ 明明白白客户的心

想要投客户所好，就要先看清客户的心。要想成为世界上最优秀的客户经理，一定要学会与客户沟通，挖掘客户的需求。

一般来说，客户的需求也就是对客户经理的期待，包括24个方面，如表4-1所示。

表4-1 客户的24种需求

1	告诉我事情的重点	13	别把我搞糊涂了
2	告诉我实情	14	不要告诉我负面的事情
3	我要一位有道德的客户经理	15	不要用瞧不起我的语气和我说话
4	给我一个理由	16	别说我购买的金融产品或我做的事情错了
5	用事实证明给我看	17	我在说话的时候，请注意听
6	让我知道我并不孤单，告诉我一些与我处境类似者的案例	18	让我觉得自己很特别
7	给我看一封满意的客户来信，事实胜过雄辩	19	让我笑
8	购买你的产品后，我会得到什么样的服务	20	对我的职业表示　点兴趣
9	请你说给我听、做给我看	21	说话要真诚
10	向我证明你这家银行的贷款利率是合理的	22	当我无意购买时，不要用一堆老掉牙的营销技巧向我施压、强迫我购买
11	给我机会做最后决定，提供几个选择	23	当你说保证会搞好售后服务时，一定要说到做到
12	强化我的决定，不要和我争辩	24	帮助我购买金融产品

客户经理要挖掘客户的需求，需要做到以下六点：

一看，看客户的外表、穿着、手机、包、眼镜、行为举止；

二听，不要轻易打断客户，要努力记住客户说的话，还要重复一遍；

三问，要主动询问客户，可以问客户的职业、职务、车子等方面；

四想，分析、帮助客户挖掘出他真正的需求；

五核，为了避免误解，有些信息要核实，请客户判断，观察客户的反应；

六应，倾听过程中，不时点头对客户做出回应，对重复听到的重点信息做出简短的回答。

◎ 让客户放松

客户经理在和客户的接触过程中，首先要让客户放松下来，客户才会畅所欲言，才能建立轻松的谈话气氛。此时，最重要的一步就是与客户进行适当的寒暄，千方百计地赞美客户，消除客户的心理障碍。

赞美别人，必须学会察言观色，找到赞美点。银行客户经理要面对形形色色的客户，男客户和女客户的性格不同、老客户和年轻客户关注的事情不同、东北客户和南方客户的语言也不同，这就需要客户经理采用不同的话术切入主题。开场白的切入点其实有很多，如介绍人、行业、子女教育、养生保健、穿着打扮、时事新闻、投资理财、家居布置，等等，客户经理可以从中找到赞美点。

客户经理李某到一个省级财务处长家里拜访，想称赞他是书香门第，但他家里没有藏书；想称赞他的家居布置，可他的家具都是旧的。万般无奈之中，李某看到客厅墙上贴着五张奖状，上面写着处长女儿的名字。他事先已了解到处长的女儿在清华大学读书，而自己的儿子正在读高中。他灵机一动，郑重其事地问道："李处长，您是怎么把女儿培养成考上清华大学的高才生的？我想取取经，把我的儿子也教育得那么优秀。"财务处长一直认为自己最大的成就就是培养了一个高才生女儿，便滔滔不绝地讲了起来："其实我女儿小时候不爱学习……"

上面的案例，客户经理李某找到了客户的兴奋点，为下一步营销打下基础。

◎ 套近乎十四计

与客户接触时，套好近乎是十分重要的。这就需要客户经理找好话题，避免"近乎"越套越远。

计策一：了解对方的兴趣爱好。例如和老年人谈健康养生，和少妇谈孩子和宠物，如果客户喜欢谈足球，就可以跟他谈谈近期的重大赛事。

计策二：多说平常的语言。与客户聊天，用词不要太专业，要多用通俗语言来交流。一味地使用专业用语，很容易使人产生华而不实、锋芒毕露的感觉。

计策三：避免否定对方的行为。初次见面的客户会害怕他人提出细微的问题来否定自己的观点，因此客户经理应当尽量避免出现否定对方的行为，这样才能建立良好的人际关系。

计策四：了解对方所期待的评价。人们都希望别人对自己的评价是好的，所以客户经理要想客户之所想，说客户想听的话，做一个善解人意的人。

计策五：注意自己的表情。一个人心灵深处的想法，往往会形之于外，在表情中显露无遗。客户经理要保持职业化的笑容，倾听时保持专注的神情。

计策六：留意对方无意识的动作。交换名片的时候，如果客户的手发抖，表明他很紧张，这就不是套近乎的好机会，可以先聊些别的话题帮助客户放松。

计策七：引导对方谈得意之事。比如，得知客户为一个项目三个春节没回家时，客户经理就可以赞美他："您是真正的现代企业家，您的敬业精神堪称业界一流。"

计策八：拉近与对方的身体距离。套"近"乎就要离得近，距离产生不了美，只会产生疏离感，所以和客户交流的时候，客户经理要找机会靠近客户。

计策九：用笑声支援对方。在客户发言的过程中，客户经理要不时做出回应，笑声是很好的选择。但要笑得自然，不能皮笑肉不笑，否则就显得很虚伪。

计策十：找出与对方的共同点。比如，客户有个老父亲，而客户经理有个老母亲，这时就可以谈论中国的孝道文化来套近乎："没有孝心就没有良心，咱们都是孝子，为孝子干杯。"

计策十一：表现出对对方的关心。客户经理可以很自然地嘘寒问暖，如果一见面听见客户咳嗽，可以询问他是否感冒，并嘱咐其注意身体，这样就拉近了两人之间的距离。

计策十二：先征求对方的意见。遇到事情需要选择时，首先把选择权交到客户手里，先征求客户的意见，让客户感到自己受尊重。

计策十三：记住对方"特别的日子"。比如结婚纪念日、生日等，在这些日子里，客户经理可以发短信、送礼物，给客户惊喜。

计策十四：选择对方家人喜欢的礼物。馈赠礼物时，与其选择客户喜欢的礼物，倒不如选择其家人喜欢的礼物，从而获得客户家人的支持。

TIPS

◆ 营销需要不断地与陌生人接触，给客户留下良好的第一印象对于客户经理来说非常重要。第一印象总是最鲜明、最牢固、最深刻的，并且关系到交往能否继续以及交往的程度，是以后交往的基础。

◆ 成功的营销是由98%对客户的了解和2%对产品的介绍构成的。潜在客户总是会问两个问题：这个金融产品和服务对我有什么好处？我可以信任你这个人吗？要想回答好这两个问题，就需要挖掘客户的需求，了解客户的期盼，投客户所好。

第 17 课
善于沟通——心有灵犀一点通

在和陌生人接触的过程中,拒绝与防备是人的本能,因此需要通过沟通来融化陌生凝结的坚冰。

沟通无处不在

通过沟通,客户经理不仅可以全面了解客户的现实需要,还可以发现目标客户的潜在需求,帮助客户形成解决问题的方案。更为重要的是,良好有效的沟通可以在客户经理和客户之间建立起信任关系。

◎ 沟通是营销的润滑剂

由于人的性格、价值观、生活经历等方面的差异,客户经理与客户之间难免磕磕碰碰,发生冲突。有效的沟通可以使人们懂得相互尊重对方,不仅了解自己的需求与愿望,更懂得换位思考,向对方靠拢。

第四章
善于倾听，智慧面议商谈

◎ 沟通是营销的黏合剂

沟通是黏合剂，将营销中的双方聚集在一起。尽管每个人都有自己的理想、价值观与生活经历，但通过有效的沟通都可以使人们彼此了解与理解，将原先相互独立的个体吸引并聚集在一个价值链中。

◎ 沟通是营销的催化剂

只有客户经理与客户双方的目标清晰，才能激发双方内在的需求，才能使客户经理与客户之间建立良好的伙伴关系，为了共同的利益协同合作，达到双赢的目标。

> 某经销商每年的销售额超过 40 亿元，在全国有 24 家分公司，很适合开设网上银行业务。这家经销公司的老板姓高，是从农村打拼出来的民营企业家。

情景一

客户经理小王找到高老板，向他介绍网上银行业务的优点。

高老板："我是民营企业家，你们的网上银行业务虽然方便快捷，但如果我的资金都存到网上银行的账上，税务局一查不就全查出来了？我要多缴很多税款呢！"

小王不假思索地脱口而出："高老板，难怪您是乡镇企业家……"

高老板最反感别人说他是从农村出来的乡镇企业家，他马上打断了小王的话，不耐烦地说："你走吧！你走吧！我就是土老帽儿一个，你赶紧走吧！"

小王被高老板撵了出去，他的营销彻底失败了。

情景二

客户经理小刘:"高老板,您有个称号,叫作'现代经销商第一人'啊!"

高老板:"哪里,哪里!"

客户经理小刘:"您太谦虚了!我听别人说过,您在一个大型国有商业银行总行讲过课,能给那么多企业老总、银行领导和员工讲课,得很高的水平呢,您可真是真人不露相啊!"

高老板:"你怎么知道的?"

一个民营企业家在大型国有商业银行总行给企业老总、银行领导和员工讲课,这确实很难得。客户经理小刘一下子找到了高老板的兴奋点,之后他做了高老板100分钟的听众,听他讲自己经商过程中惊心动魄的经历,并不断地做出回应,赞美他:"您做得真好!您真会把握时机!您太有水平了!"

提到避税问题,高老板认为民营企业赚钱不容易,应该合理避税。小刘表示非常赞成他的观点,然后话题一转:"不过,高老板,您是志向远大的人,肯定想把企业做成全国百强企业,如果企业的财务管理跟不上,仅靠手工操作,从表面上看你的税收缴得少,实际上您在财会监管方面并不符合要求,这样一来就不能提高在银行的授信等级。您要想做到上百亿的销售额,没有十几个亿的授信额度是不够的。如果您用了网上银行,全国24家分公司的资金实时到账,您不但可以少聘用50%的财务人员,而且您的管理规范了,建立起现代企业制度了,监管部门会更信任您。这真是一举多得啊!"

高老板:"原来网上银行这么好啊,那你下个星期给我开通这个业务吧!"

客户经理小刘这次成功的营销行为包含了很多沟通技巧,耐心地做听众、适当地赞美、合理地引导,这都是情景一中的客户经理小王未能做到的。

成功经营别人

所谓"沟通",就是要越过"沟"达到"通"的目的。如果仅有"沟",谈话的双方各执一词,甚至鸡同鸭讲,就属于无效沟通。

◎ 高效沟通

客户经理要成功经营客户,达到营销的目的,首先要做到高效沟通。

原则

高效沟通有四个原则:第一,待人以诚,用诚心和诚意来对待客户;第二,待人以恒,与客户保持长期联系;第三,待人以和,以平和的心态来对待沟通中出现的问题,千万不要让客户产生被强迫感;第四,待人以乐,用自己的快乐和激情来感染客户。

阶段

高效沟通分为四个阶段:第一,外求共同点,这是沟通的最表层,首先要找到与客户的共同点;第二,内求共鸣点,这时的沟通更接近客户的内心,在共同点的基础上与客户产生共鸣;第三,深求认同感,这时的沟通属于最里层,寻求内心的认同感;第四,实求影响力,这是高效沟通目的之所在,在沟通之后产生的对客户的影响力。

关键点

高效沟通有四个关键点:第一,立场点是帮助客户解决问题;第二,切入点是客户的需求和服务；第三，沟通的要点是贴心同流，同流才能交流，交流才能交心，交心才能交易；第四，沟通的基调是平等双赢。

◎ 与客户沟通的方法

和客户沟通有很多方法，如喜悦心沟通法、同理心沟通法、提供数字法、包容心沟通法、以退为进法等。

喜悦心沟通法

营销是信心的传递，是情绪的转移。客户经理要把自己的好心情传递给客户，要用自己对银行的热爱、对金融产品的热爱来感染你正在营销的客户。

同理心沟通法

在营销中，客户经理不要与客户斗，永远不要成为客户的对立面，要用同理心与客户进行沟通，多站在客户的角度想问题，让客户感觉和你是一个阵营里的战友，这样才有成功的机会。其中一个技巧就是多用"您觉得如何"来拉近与客户之间的关系。

提供数字法

客户经理与客户沟通时，获取的信息要数字化，就是说要运用数字来强化效果，不讲模棱两可的话，这样得到的信息才准确。比如，"王总，不好意思，我在接总行的电话，5分钟以后我给您打过去。"你提供的是一个确切的时间段——5分钟，这给了客户一个很重要的心理暗示，客户就不会着急了，就可以自由安排他的工作。

包容心沟通法

挫折等于存折，客户的抱怨和不满都是刺激客户经理成长的动力，有了客户的拒绝，才有客户经理的成长和营销的机会，所以客户经理要感激客户、感激社会。面对客户的负面评价，客户经理要用包容心来对待，千万不要和客户针锋相对，客户的愤怒会直接导致丧失购买任何金融产品的意愿，甚至会从此拒绝进行任何合作。

以退为进法

得理也要饶人，理直也要气和。哪怕客户确实有责任，客户经理也不能表现得太过强硬。比如，客户遭受损失是因为客户的电脑网络系统有问题，在这种情况下，客户经理得理也要饶人，比如，"申总，您的财务系统太落后了……"虽然这句话可能是事实，但听起来确实很伤人。

再比如，客户购买某种有风险的理财产品，出现了亏损情况。虽然实际情况是银行销售没有责任，理财合同也没有问题，客户经理的风险提示也到位了，但客户经理绝对不能说："亏损是您自己的事，和我们毫无关系。"这句话一出口，不仅这位客户自己一辈子不会再和这家银行打交道，而且他还会告诉身边所有人，××银行服务态度极其恶劣，千万不要和他们打交道……

所以，即便银行没有任何过错，客户经理虽然"理直"，但气也要"和"，客户经理可以这么说："不好意思，由于市场和我们工作上的原因让您亏本了，我代表银行向您道歉。现在我们谈谈，以后该怎么规避类似的风险……"这种谦逊的态度和诚恳的语气不仅能够平息客户怨愤的情绪，还会提高客户对客户经理专业水准的信任度。

◎ 与不同风格的客户沟通

百人百相，千人千面。做营销要面对形形色色的客户，所以客户经理对不同类型的客户需要采用不同的沟通方法，才能赢得不同类型客户的认同。

成熟稳健型

这类客户一般具有丰富的金融产品知识，投资经验多，对产品本身及行情相当了解，遇到疑点一定会追根问底，不容易被客户经理说服。

对策：这一类型的客户虽难缠，但通常是有心人，客户经理沟通时应以"平常心"对待，并就产品品质、银行信誉与独特优点进行详细说明，一切说明须讲求合理与证据，以获得客户的理性信任。成熟稳健型的客户很容易成交，因为他们对银行业务比较了解，但是成交的前提是客户经理比其更专业。

谨慎小心型

这类客户外表严肃、反应冷漠，通常会反复阅读说明书和海报，对客户经理的亲切发问眼观鼻、鼻观心，出言谨慎，甚至一问三不知，唯恐透露自己的秘密。

对策：对待这类客户，客户经理除了详尽地介绍产品外，还须以亲切、诚恳的态度打破他们的心理防线，拉拢他们的感情。面对这样的客户，最好是闲话家常，慢慢了解顾客的家庭状况、经济状况和购买意愿，争取顾客的信任和依赖感，然后再营销产品，定可收到事半功倍之效。

欠缺经验型

这类客户属于新手上场，对金融产品知道得不多，可能会问东问西，甚至会说出令人发笑的外行话，而且由于缺乏经验、信心不足，不易做出决定。

对策：对待这类客户，客户经理须不厌其烦地解说金融服务方案或产品说明书，并提出信而有证的业绩、品质等保证。态度要诚恳，不要让人产生压迫感和恐惧感。并且，在解释银行的产品和服务时，要用很通俗易懂的语言。

斤斤计较型

这类客户心思细密，非常挑剔，对任何产品都有意见，还喜欢狠狠地杀价，态度十分强硬。

对策：与这类客户沟通时绝对不能太"软"，要利用气氛相"逼"，最好两人以上搭配营销。主要强调产品的优惠，先示以小惠，促其做决定。总体原则就是避开这类客户斤斤计较的关注点，转移他们的注意力。

喜欢炫耀型

这类客户好大喜功，喜欢炫耀，口头禅是"我曾经……"通常盛气凌人、爱端架子，还喜欢提一些无礼的要求，若得不到满足，甚至会言语恐吓客户经理，常拒客户经理于千里之外。

对策：与这种类型客户沟通时，要先稳住立场，恭维对方。这类客户特别喜欢戴高帽子，喜欢被人捧得高高在上。客户经理不妨投其所好，加倍奉承，然后再介绍产品特色，说明本产品可以凸显顾客地位，或衬托出其尊荣等，并趁机寻求其"弱点"，攻心为上。总之，对这类客户听得越充分，称赞越充分，营销就越成功。

TIPS

◆ 每个人都有自己的理想、价值观与生活经历，通过有效的沟通可以使人们彼此了解与理解，将原先相互独立的个体吸引并聚集在一个价值链中。

◆ 百人百相，千人千面。做营销要面对形形色色的客户，所以客户经理对不同类型的客户需要采用不同的沟通方法，才能赢得不同类型客户的认同。

◆ 所谓"沟通"，就是要越过"沟"达到"通"的目的。如果仅有"沟"，谈话的双方各执一词，甚至鸡同鸭讲，就属于无效沟通。

第 18 课
认真倾听——成为忠实的听众

在营销开始阶段,当客户提出问题时,客户经理最好倾听而不是指导,理解而不要影响,顺应而不要控制。在关系营销中,若要与客户建立良好的关系,客户经理首先应该学会倾听,了解并理解客户的需求,向客户传递这样一种信息:我并不总是赞同您的观点,但是尊重您表达自己观点的权力。

正所谓"先迎合,再引导",一旦与客户建立了良好的人际关系,再尝试着去引导客户,常常会事半功倍。

"听"比"说"更重要

沟通是需要双方参与的行为,在有些情况下听比说更重要。在营销中,客户也有需要倾诉的时候,这时客户经理的倾听会带给客户身心愉悦的感受。试想一下,作为客户经理,如果不了解客户的期望,又如何实现签约的期望呢?所以,对客户经理来说,倾听也是一门必修课。

第四章
善于倾听，智慧面议商谈

◎ 倾听的重要性

倾听是通往营销商谈成功的台阶

"喜欢说，不喜欢听"是人性弱点之一，如果客户经理在与客户见面时能够意识到这一弱点，让客户畅所欲言，就会事半功倍。不管客户是在称赞、抱怨、驳斥，还是在警告、责难和辱骂，都要仔细倾听，并做出适当反应，才能最终赢得客户的好感和善意的回报。

某大型企业的财务总监性格内向、不善交际，他从不接受宴请，也不接受任何礼品，很多客户经理都在他那里碰了钉子。某银行客户经理王辉却成功地和这位财务总监交上了朋友，为本银行争取到了这个大客户。

王辉是怎么做到的呢？原来王辉在拜访这位财务总监之前，做了很多功课。一个偶然的机会，他了解到这位财务总监业余时间最大的爱好是写财经论文，曾经在国内许多财经期刊上发表过文章。

每次王辉去拜访这位财务总监之前，都要把他发表过的文章找出来学习，了解他的思路，然后当他的听众，并不时地发表一点自己的看法，这位财务总监顿时觉得自己找到了知音，产生了一种英雄见英雄，彼此惺惺相惜的感觉。

后来，这位客户在王辉工作的银行汇入存款好几个亿。

倾听是维持双方商谈的最有效手段

有效的营销关系是建立在双向交流基础上的。良好的倾听习惯与高超的沟通技巧，会改变客户经理在面议商谈中的地位，提高其影响力。在面议商谈过程中，客户经理要尽可能促使客户讲话，让自己成为一名听众，让客户觉得成交是自己选择的，这才是高明的市场营销方法。千万不要打断客户，抢着说话，那样很容易让客户感到不愉快，令商谈陷入僵局。

善于倾听是区分优秀客户经理和普通客户经理的重要标准

出于某种原因，许多客户经理认为营销的成败与对客户进行马拉松式冗长说服的能力成正比，把谈判中的任何停顿都看成是一种缺陷，在与客户商谈时，70%的时间是自己在讲话。这是一种错误的行为，虽然有时可以煽动客户的关心和热情，但不能引发客户下决心购买金融产品时必须有的自信和理智。

优秀的客户经理善于听取客户的要求、需要、渴望和理想，善于听取和收集有助于成交的相关信息。说话者每分钟的语速大约在125个字左右，而听者的思考速度是说者的4倍，当客户为其讲话内容构思费神之际，客户经理便有了充足的时间对客户的意见进行剖析，并做出有效的回应。

◎ 把握倾听的原则

为了改进与客户的沟通，真正准确地把握客户需求，优秀的客户经理一般采取"积极倾听"的态度，也就是积极主动地倾听对方讲的事情，掌握真正的事实，借以解决问题。

积极倾听应该掌握以下三个原则：

站在对方的立场，仔细地倾听

每个人都有自己的立场及价值观，客户经理必须站在客户的立场，仔细地倾听客户所说的每一句话，不要用自己的价值观去评判或指责客户的想法。

确认自己所理解的意思与对方一致

客户经理必须重点式地复诵客户讲过的内容，以确认自己理解的意思和对方一致。比如，"您刚才所讲的意思是不是指……""我不知道我理解得对不对，您的意思是……"

用诚恳、专注的态度倾听对方讲话

客户经理倾听客户谈话时，最常出现的弱点是只摆出倾听的样子，内心迫不及待地寻找机会讲自己的话，完全将"倾听"这个重要的武器弃之不用。这一点是所有客户经理都要避免的。

五位一体倾听法

客户经理不能不听客户说话，也不能把所有时间都用来听客户说话。和说话一样，倾听也有技巧，积极倾听是五位一体的：用耳听、用眼看、用嘴问、用脑想、用心灵去感受。

◎ 用心地倾听

优秀的客户经理都知道：只会说话不行，只有自己说话更不行，只有让客户说话，并善于聆听客户说话，成为"聆听大师"才易于促成合作。

用心倾听的要点有：首先，放下手中的工作，双手交叉放在膝盖上，身体微向前倾，全身心置于与对方的谈话中；其次，注意与对方的目光交流，不评价，自然而然地做出聆听的动作；再次，有疑问时，可打断对方（一般情况下不提倡），重申自己的观点，但一定要心平气和；最后，注意总结、归纳或重申对方讲话中对自己有利的一面。

◎ 耐心地倾听

耐心地倾听是客户经理对客户尊重的友好表现,有利于拉近客户经理与客户之间的距离。无论是观点相悖,还是语言选择不当,客户经理都要耐心地听完客户的话,不可粗暴地打断客户。

客户经理要善于体察客户的感觉,设身处地替客户着想,不急于下结论,争取理解对方谈话的全部意思,接受和关心客户,认真帮助客户寻找解决问题的途径,不做与谈话无关的事或露出不耐烦的表情,切忌频繁看手表、看手机、打电话。

◎ 用眼睛倾听

客户经理在与客户交谈时,特别需要用眼睛倾听。眼睛是心灵的窗户,所以客户经理在倾听中要注意用眼睛做出反应,用视线关注客户,笑容要走进眼睛里。

◎ 有理解地倾听

客户经理要观察客户的肢体语言,倾听客户的话外之音,还要进行确认,整理出重点,得出自己的结论。如对银行提供的企业银行系统,客户说:"这个系统对于我们现在的需求来说已经足够了。"你可能会理解为客户对新系统没有兴趣。为了进一步确认,你可以问:"您是说您对现在的企业银行系统完全满意了吗?"这就使客户有机会说:"也不完全是,现在是足够了,但它没有给将来的扩展留下太多空间。"这就发现了客户的真实需求,为下一步工作创造了机会。

在倾听客户谈话的时候,客户经理要注意控制自己的情绪,不要总想占主导地位,否则极易引起客户反感。

◎ 有反应地倾听

客户经理要使自己的倾听获得良好的效果，不仅要潜心倾听，还要积极地回应。因为只有当自己的语言引起听者反应时，人才会有继续倾诉的欲望。

首先，随对方的表情而变化自己的表情，并用简单的肯定或赞赏之词适当地插话。比如，"您说得太好了，这个问题我们正在研究，你真是说到我们银行的关键点了"，这种适时的反应很有必要，会让客户认为客户经理在认真倾听，进而愿意更多、更深地讲出自己的观点。

其次，注意不断地将信息反馈给对方，以检验自己的理解是否正确，并引导客户把谈话转移到自己所想的话题上。

再次，客户说的很多重要信息要记录下来。记录比记忆更重要，即使是经验丰富的客户经理，也要带着笔记本随时记录，一方面确保信息的准确性和完整性，另一方面也会给客户一种受尊重的感觉。

TIPS

◆ "先迎合，再引导"，一旦与客户建立了良好的人际关系，再尝试着去引导客户，常常会事半功倍。

◆ 不仅要潜心倾听客户的诉说，还要积极地做出回应和反馈。因为当自己的语言引起别人反应时，人才会有继续倾诉的欲望。

◆ 客户经理不能不听客户说话，也不能把所有时间都用来听客户说话。和说话一样，倾听也有技巧，积极倾听是五位一体的：用耳听、用眼看、用嘴问、用脑想、用心灵去感受。

第 19 课
巧妙问答——对话之中藏机锋

在营销过程中，面议商谈是由一系列问题构成的。客户经理可以通过询问引起客户的注意、获得客户的信息，这是面议商谈阶段必不可少的方法。有问必有答，回答好客户提出的问题也是客户经理的基本功。

问君能有几多愁

南唐后主有词云："问君能有几多愁，恰似一江春水向东流。"在营销中，问客户的"愁"，就是询问客户的期盼、希望和需求。客户经理只有通过询问才能挖掘出客户的需求，解除客户的疑问，进而满足客户的实际需要，所以一定要学会询问。

◎ 询问的功能

对于客户经理来说，直接向客户提出问题，引起客户的注意和兴趣，引导客户去思考，是与客户在面议商谈阶段的一种有效的营销方法。

询问主要有三个功能。首先，引起客户注意，诱导客户思考。营销的过程就是帮助客户找出问题、分析问题和解决问题的过程，客户经理可以利用所提的问题引起客户的注意和兴趣，并引发讨论，从而深化营销面谈。其次，了解对方的立场和观点，发掘客户潜在需求。发掘客户潜在需求最有效的方式就是询问。客户经理拜访目标客户时，借助有效的提问，可以使客户将潜在的需求逐步说出。最后，检测双方意见是否一致，对商谈议题逐步达成共识。在面议商谈中，客户经理不应该强势营销，而应以一种自然的方式激发客户的购买欲望，引导客户最终与自己达成共识，有针对性的提问就是一种比较好的方法。

客户经理："您目前都投资过哪些金融产品？"

目标客户："一般都是银行存款，有时候也会买些国债。"

客户经理："这些投资的收益您还满意吗？"

目标客户："谈不上投资，基本上是保本！"

客户经理："这么说您还是比较倾向于保本投资？"

目标客户："这是最起码的保障，也希望有些收益。"

客户经理："这么说您还想投一些收益较高的产品？"

目标客户："闲散资金放着也是放着，如果能有好的收益，谁不愿意？"

客户经理："我了解了，那么您怎么没有投资一些收益性的产品呢？"

目标客户："平时太忙了，也不知道哪些产品好一些，而且现在股市的情况不好，比较担心会被套牢。"

客户经理:"是呀,投资也有风险,但各种投资的风险是不同的。如果我帮您推荐一款和股市关联性不大的产品,您能接受吗?"

目标客户:"是吗?那收益率如何呢?"

客户经理就这样一步一步地从客户保守性的投资中挖掘出隐含性的需求,即与股市关联不大的产品,这时客户经理的机会就来了。

◎ 询问的类型

询问的类型很多,因情况而异,包括开放式询问、封闭式询问、澄清式询问、探索式询问、诱导式询问、选择式询问等。在这些询问类型中,开放式询问和封闭式询问使用的频率最高。

开放式询问

开放式询问是指能让目标客户充分阐述自己的意见、看法及事实的询问。在营销初期,客户经理要多问开放式的问题,从而扩展客户的思维。比如:"这个城市有 21 家银行,您认为哪家银行服务最好?""我们现在市场上有 7 款理财产品,您觉得哪款适合您?"

开放式询问的目的有两个:一是取得信息,二是让客户充分表达自己的看法和想法。

封闭式询问

封闭式询问是指在特定领域中获得特定答复的问句,是让客户针对某个主题明确地回答"是"或"否"。在最终成交的时候,客户经理要多问封闭式问题。比如:"请问贵公司,你们的资金结算是每个月 10 号还是 20 号?"无论客户是回答 10 号还是 20 号,都是确定的、唯一的答案,这就属于封闭式问题。

封闭式询问的目的有：获得客户的确认；在客户的确认点上，发挥自己的优点；引导客户进入你要谈的主题；缩小主题的范围；确定优先顺序。

◎ 询问的技巧

客户经理询问客户要注意技巧，发问时机、语气、频率、逻辑都很重要。

适时提问

提问的时间要依据客户本人、营销产品的情况以及约见的时间、地点来决定。在对的时间问对的事，才会更加有效率。

提出的问题应明确而具体

提问应有明确的目的，避免模棱两可或含糊不清，要便于客户思考与回答。尽量避免提问导致客户仅能回答"是的"或者"不是"的问题，否则很难从客户那儿得到更多的信息。

提出的问题应考虑全面，并有较大的迂回余地

客户经理对提出的问题应全面考虑，且预留较大的迂回余地，不可直言不讳，避免因过于直率而伤及客户。提出的问题尽量简单，突出重点，避免在一个提问中包含两个以上要回答的问题，否则会让客户感到很为难。

提问的速度与频率要适中，给客户留足回答时间

提问时语速、语调、语气要适度，切忌把询问变成审问和逼问。语速太急会使客户认为客户经理不耐烦或持审问态度，语速太慢则易使人感到沉闷。同时，提问本身应言简意赅，问完之后耐心等待客户回答，千万不要客户经理自己说个不停。

有理不可直说

商谈是由一系列问与答构成的，客户经理在会见客户时，不仅要向客户提出问题，还要答复客户提出的各种问题。答复问题和提出问题一样重要。客户经理提出的问题无懈可击，但答复失误，同样会错失营销良机。

◎ 答复的一般步骤

客户经理应随时准备回答客户提出的各种问题，至于什么时候回答和怎样回答，只能取决于当时的情况。一般来说，答复的程序包括以下几个方面：

对客户表现出同情心

客户对金融产品提出异议时，通常带有某种主观情感，客户经理要向客户表示自己已经了解他们的这种情感，使客户认识到客户经理在为他分忧，促使客户产生信任感。

回答问题之前应有短暂停顿

客户说完自己的观点后，客户经理不要马上作答，可以稍微停一下，在脑子里多思考一会儿，这样客户会更认真地听取你的答复。

复述客户提出的问题

为向客户表明你明白了他的意思，客户经理可以用自己的话把客户提出的问题再复述一遍，从而给自己留下思考如何更好地回答客户问题的余地。

回答客户提出的问题

对于客户提出的问题，客户经理可以一次全部回答清楚，也可以一次部分回答清楚。如果有些问题一时难以回答清楚，就向客户表明会尽快给一个满意的答复。只有这样，才能进行下一步——产品介绍。

◎ 答复的技巧

答复问题有一些小技巧，了解这些技巧，客户经理就可以比较容易和有效地回答客户的问题了。

认真思考

俗话说："说出去的话，泼出去的水。"客户经理在回答客户问题之前，一定要给自己一些思考时间。可以借助点烟、喝水、翻笔记本等动作来延缓时间，考虑对方的问题，但时间不宜太长，否则就会给人准备不足的感觉。

准确判断

在弄清楚对方提问的目的和动机之前，客户经理不应随便答复。在对方动机复杂的情况下，客户经理须在准确判断对方用意的基础上回答对方，不应按照常规回答，否则会反受其害。

局部回答

有些问题只需做局部答复即可。如某个问题包括几个方面，客户经理就可以选择其中的若干方面做回答，一时难以解释清楚的，可以向客户表态自己会尽快答复。

答非所问

考试不能答非所问，否则吃亏的是自己；营销不是考试，有时就要答非所问，否则吃亏的还是自己。当对方提出某个自己很难直接正面回答的问题，但又不能拒绝回答时，客户经理可以跟对方讲一些与此问题关联不大的事情避免正面答复。

推卸责任

面对毫无准备的提问，客户经理可以采取推卸责任的回答。例如："对于这个问题，我没有调查过，但是我曾经听说过，具体情况不太清楚……"

安慰式答复

对于复杂的问题,客户经理可以先肯定和赞扬对方提问的重要性、正确性、适时性,然后再合情合理地强调问题的复杂性及马上答复的难度,答应以后再专门讨论这个问题。

有意打岔

有经验的客户经理常会先事先安排同伴在节骨眼上故意打岔,以赢得思考的时间,处理一些难以回答而又必须回答的棘手问题。

> 某银行行长老刘到市政府参加市长办公会议,有很多局长都在场。张市长大声地问刘行长:"刘行长,××省有个集团公司到我们市来投资,需要资金总量是5个亿,他自筹资金2个亿,想从银行贷款3个亿。你们银行什么时候能贷款啊?"

情景一:实话实说

> 刘行长说:"张市长,我现在对这个集团公司还是一无所知,最重要的是不了解他们的信誉如何,我们还是调查调查再说吧!"

> 这样的回答虽然是实话实说,但让张市长很没面子,没有台阶下。

情景二:夸下海口

> 刘行长说:"张市长,您放心,这3个亿的贷款,我们3天就能到账。"

> 刘行长的回答很不负责任,虽然当时领导听了很高兴,但并不符合银行的工作程序。如果经过调查研究,这项贷款根本不符合要求,银行的麻烦就大了。

情景三:巧妙答复

> 刘行长说:"张市长,感谢您对我们银行的信任,支持地方经

济发展是我们义不容辞的责任。市政府招商引资，我们银行一定会全力跟进这个项目，您放心好了。"

经过组织调查，刘行长给张市长打电话："张市长，您交给我们银行办的事情，我们已经落实了，我想去跟您报告一下。"

"不好意思，我今天开市长办公会，你明天上午九点半来吧。"

于是刘行长第二天九点半准时到了张市长的办公室。"张市长，这个项目我派人做过调查，是一个副行长亲自去的。悄悄告诉您，这个集团公司老板爱赌博，经常到澳门赌博，而且这个项目环境检测不过关，对城市的污染很严重，不适合我们这个旅游城市，我建议您不要接这个项目。这样吧，您跟那个集团公司老板打个招呼，叫他找我就行了。"

首先接下项目，进行感谢赞美；然后进行调查，随时汇报；最后结果不好，把责任担到自己肩上，这样领导有台阶下，银行的风险也掌控了。这样的做事方法和说话方式就叫"政治智慧"。

TIPS

◆ 对于客户经理来说，直接向客户提出问题，引起客户的注意和兴趣，引导客户去思考，是与客户在面议商谈阶段的一种有效的营销方法。

◆ 商谈是由一系列问与答构成的，客户经理在会见客户时，不仅要向客户提出问题，还要答复客户提出的各种问题。答复问题和提出问题一样重要。客户经理提出的问题无懈可击，但答复失误，同样会错失营销良机。

第 20 课
介绍产品——快乐地与人分享

当客户经理经过接触开始与客户商谈的时候,如何进行金融产品与服务的介绍显得极为重要。成功的金融产品介绍,能让客户认识到自己的问题和需求,同时认同客户经理提供的金融产品或服务能解决他的问题或者满足他的需求。

推介产品服务功能

客户的购买点就是客户购买金融产品与服务的需求。没有购买点,就没有营销,要寻找客户的购买点,就必须摸清楚客户的心理需求。心理需求需要创造,创造心理需求的主要技巧是从向客户介绍金融产品与服务的功能入手,引导客户认同客户经理营销的金融产品和服务,随后根据客户的临场反应,选择合适的金融产品加以介绍。

在向客户营销之前,客户经理应该先把产品知识熟稔于心,在向客户介绍产品时,要将产品知识与顾客需求连接起来。

介绍金融产品服务功能，主要围绕着以下三个方面：

◎ **信用功能**

向客户提供信用服务是银行最主要也是最基本的功能。客户可通过银行解决融资困难，满足其自身生产经营的需要。

在向客户进行信贷营销，即介绍银行的资产业务产品时，不能就贷款论贷款，要把握三点：首先，进行多种信用产品营销，让客户选择，比如介绍贷款、承兑汇票、保函、信贷证明等。其次，进行个性化营销，让客户满意，比如对AAA级大型公司客户，客户经理可以向客户介绍银行的信用贷款、可循环使用信用等业务，提供VIP服务。再次，进行一体化（交叉或综合）营销，让客户受益，比如在客户接受信贷产品时，向客户营销企业或金融理财账户、投资银行、代理业务、国际业务等。

◎ **理财功能**

金融理财是现代企业制度与现代金融制度相互衔接的一种制度安排。随着电子技术的飞速发展，银行在经营存贷款等传统业务的同时，延伸出各种金融理财服务，衍生出多种金融理财工具，越来越受到客户的欢迎。

银行理财服务包括公司理财和私人理财。公司理财服务是指商业银行以公司客户为中心，以资金、信用、服务为杠杆手段，充分利用银行内、外部资源优势，创造理财工具，向企业和法人单位提供决策建议、方案筹划及相关金融服务，促进客户资源优化配置，实现价值创造。私人理财服务是指商业银行利用自身的各种优势，以自然人（或个人客户）为服务对象，为其提供包括代理投资理财、代理收付、信息咨询等在内的全方位、综合性金融服务。

◎ 信息功能

银行可充分利用联系面和渗透面广的特点为客户提供各类经济、金融信息，供客户决策参考，帮助客户不断提高市场竞争能力和经营管理水平。

让介绍"跳"出来

传统营销的产品介绍有"三段论介绍法"和"利益介绍法"。三段论介绍法，就是首先说明产品的事实状况，其次将这些事实的性质加以解释说明，最后再阐述产品的利益。利益介绍法，是指首先从实施调查中发掘客户的特殊需求，其次从询问技巧中发掘客户的特殊需求，接下来介绍金融产品的特性（说明金融产品的特点）和优点（说明金融产品功能及特点的优点），最后介绍金融产品的特殊利益（阐述金融产品能够满足客户的特殊需求）。

现代营销方法多种多样，在整体上可以采用交叉营销法，细节上就需要具体问题具体分析，可以运用的方法有很多，如条例法、数字法、比拟法、对比法、实证法、费用最小化、利益最大化等。运用这些独特的技巧和方法，客户经理就可以让自己的介绍脱颖而出，从竞争对手的介绍中"跳"出来。要做到言之有物,通过客户见证来增强说服力；言之有序，营销产品要有逻辑关系，有条不紊；言之有理，让客户心服、信服；言之有文，注重产品的文化内涵、品牌价值；言之有规，不能违规、违法经营；言之有慧，金融服务解决方案要注意创新，增加方案的新颖性，提高吸引力；言之有情，介绍产品一定要站在客户的角度，让客户感受到银行的真情实意，从而能打动客户；言之有趣，注意用简洁、幽默的语言，让客户轻松地、愉快地接受金融服务。

◎ 交叉营销

交叉营销是借助 CRM（客户关系管理），发现客户有多种需求，并通过满足其多种需求而产生的一种新营销方式。

交叉营销是魔鬼营销的具体化，包括本、外币业务一体化，资产、负债、中间业务一体化，批发业务与零售业务一体化，公司业务与个人金融一体化，等等。

交叉营销的好处很多，可以提升银行的品牌，提高市场竞争力，锁定客户，可以扩大销售、降低成本，最后实现客户、银行与客户经理三方共赢。

如何交叉

要想对产品进行交叉营销，首先要将产品进行分类。银行产品可以分为四类：理财类，比如人民币理财、外币理财、基金投资、黄金理财；服务类，比如代发工资、代理业务；融资类，比如贷记卡、贷款；渠道类，比如网上银行、电话银行、转账电话。

对客户进行交叉营销，要先对客户进行分类。银行网点对个人客户分类遵循三个原则：首先，陌生客户按年龄分类，分为青年客户、中年客户、老年客户；稍微了解后按职业平台分类，比如法人高管、普通工薪客户、个体私营业主、自由职业者、律师、作家；最后按风险偏好分类，比如激进型、冒险型、稳健性、保守型。银行可根据四类客户进行不同的交叉营销：一是银行卡客户1+10营销，即1张银行卡交叉营销手机银行、网上银行、短信银行、电话银行、自助银行、微信银行、个人存款、个人理财及基金定投、黄金、第三方存管、保险、信用卡5选2。二是个人贵宾客户1+15+5+1营销，即1个贵宾客户营销15个产品（手机银行、网上银行、电话银行、短信银行、自助银行、微信银行、借记卡、贷记卡、存款、贷款、理财、黄金、基金定投、第三方存管、保险），5 个朋友，1 个企业或单位。 三是小微企业 1+5+5+5 营销，即 1 个小微企业营销 5 个产品（存款、贷款、网银、财产保险、理财），5 个高管（董事长、总经理、分管副总经理、财务部经理、资金科长），5 个合作商。四是公司客户 1+25+10+10+N 营销，即 1 个公司客户营销 25 个产品，10 个高管股东，10 个合作商，N 个员工（代发工资、员工理财、信用卡、按揭贷款等）。

用四大类产品组成营销模板，客户经理做营销时可以随时装在公文包里，给不同的客户提供不同的组合。客户是私营业主，可以做一个融资类的产品组合；客户是公务员，可以做渠道类和融资类结合的贷记卡；普通客户，可以做服务类的产品组合。

交叉营销有四个步骤：第一，收集客户的资料；第二，确定目标客户的期望；第三，分析客户的财务现状；第四，整理提出理财的规划建议，执行和回顾理财规划。这就是产品组合和理财规划的对接。

注意事项

在实行交叉营销的过程中，客户经理要学会站在客户的角度着想，使客户产生认同感，进而接受和认同客户经理和产品。

比如，一个民营小企业想在银行贷款 800 万元，客户经理可以这样营销："高老板，您住在乡镇，办业务不方便，我可以给您配个转单电话；您的许多货款需要跨省结算，我再给您办个网上银行，这样结算就很方便了。"

交叉营销不是做捆绑销售，而是做组合销售。客户经理在向客户营销产品时，可以根据客户的不同需要，提供不同的理财建议，进而促使客户购买更多的产品。客户使用的产品越多，转移成本就越高，就越离不开银行。

个体私营业主金融服务需求意向表

客户名称：××先生／女士

感谢您选择本行！为满足您多方面的金融需求，更好地为您提供服务，请您抽点时间填写下表（选择□内打"√"），我行将对您的资料严格保密。

个人资料栏					
单位		性别	□男　□女	职务	
证件类型	□身份证　□其他证件＿＿＿＿＿			证件号码	
办公电话		移动电话		e-mail	
金融服务需求栏					
贵宾卡	□钻石卡　　□白金卡　　□金卡				
个人贷款	□个人助业贷款额度：＿＿＿＿万元				
	□个人综合授信贷款额度：＿＿＿＿万元				
	□个人综合消费贷款额度：＿＿＿＿万元				
贷记卡	□公务卡信用额度：＿＿＿＿万元				
	□国际旅游卡信用额度：＿＿＿＿万元				
	□XCAR卡信用额度＿＿＿＿万元				
电子银行	□网上银行　□电话银行　□手机银行　□消息服务 □微信银行　□电子商务				
理财产品	□基金定投　每月投资额度：＿＿＿＿元				
	□投资产品（基金、国债、黄金等）　额度：＿＿＿＿万元				
	□人民币理财产品　额度：＿＿＿＿万元				
	□外币理财产品　额度：＿＿＿＿万美元				
服务业务	□银保通　□代缴水、电、气费　□交通险　□健康险				
其他需求					

专属客户经理／金融理财师：姓名：＿＿＿＿＿＿　职务：＿＿＿＿＿＿　手机：＿＿＿＿＿＿

◎ 条例法

条例法比较适合在开场介绍产品时应用。客户经理必须让客户很快清楚面谈的目的,而且有兴趣继续听下去。这种介绍方法可以协助客户经理一条一条说明产品的特色、好处和利益,系统而清楚地表达意思,避免因紧张而产生手忙脚乱、不知所措的现象,让客户也比较容易理解所听到的内容。

值得注意的是,采用这种方法时,重点不宜太多,最好不要超过三点;每一单项特色不宜用太长的句子说明,最好不超过五句话,否则会影响效果;如果有需要进一步说明的特点时,最好把这个特点单独提出来说。

◎ 数字法

在介绍产品时,客户经理可以将数字摆在客户面前,将利益数字化,有助于客户明确自己的利益点,这一点对客户非常有吸引力。

比如,"李先生,我要提醒您,您现在一个月只要交200多元,未来20年就有10万元的寿险保障,外加20万元的意外保障、1万元的全残补助金,另外,20年满期后还可以领取10万元的满期金。"

◎ 对比法

如果说运用利益数字法与比拟法之后引发了客户的兴趣,接下来客户一定会衡量自己的付出与收获。假如客户经理无法让客户很快分析清楚,抑或客户感受不到付出是值得的,客户可能还是会选择拒绝,或者至少会考虑比较长的时间,此时使用对比的方式来强化和突出,可以起到很好的效果。

比如,"陈先生,我们这个理财产品B计划,半年期产品收益率为

3.13%,一年期产品收益率为 3.96%,分别为同期定期储蓄存款收益的 1.58 倍和 7.76 倍。"用目标产品与人们所熟知的产品进行对比,就让客户发现这项产品的卓越之处。

某高速公路贷款项目融资 90 多亿元,如果按照传统的规律,银行的营销方案就是发放长期固定资产贷款,那么它的利息支出是 23.3 亿元,利率成本是 3.96%。

除常规方案外,某某银行提供了三个组合方案给客户选择:

融资方案		总利息支出(亿元)	节约成本金额(亿元)	6年总融资成本率(%)	年均融资成本率(%)
常规方案	方案长期固定资产贷款	23.32	0	23.76	3.96
组合A	长期固定资产贷款+短期贷款	20.62	2.7	21.05	3.51
组合B	长期固定资产贷款+短期贷款+银行承兑汇票	17.62	5.7	17.99	3.00
组合C	长期固定资产贷款+短期贷款+银行承兑汇票+短期闲置资金的理财	17.32	6	17.63	2.94

A方案,长期固定资产贷款+短期贷款,这个方案将为客户节约利息支出成本 2.7 亿元,利率成本下降到 3.51%。

B方案,长期固定资产贷款+短期贷款+银行承兑汇票,这个方案将为客户节约利息支出约 5.7 亿元,利率成本下降到 3%。

C方案,长期固定资产贷款+短期贷款+银行承兑汇票+

短期闲置资金理财，这个方案将为客户节约6亿元的利息支出成本，利率成本下降到2.94%。

客户浏览银行的方案后，马上敲定了C方案。

◎ 公私联动营销法

公私联动营销是指拥有个人类客户的零售业务部门和拥有对公类客户的对公业务部门，基于客户资源之间存在密切关联，为扩大银行战略利益，交换并联合彼此资源，合作开展营销，以创造竞争优势，提升产能，是现代商业银行最主要的营销模式之一。公司联动营销不仅包括对存量对公客户和个人客户的交叉营销、升级营销和重复营销，还包括对新客户的联动营销拓展。

公私联动营销的好处

公私联动营销可实现客户价值最大化、银行效益最大化与员工业绩最大化。

一是对客户的好处。价值回报最大化，通过提供公私全覆盖的金融服务，单位、个人金融需求得到最大满足，客户价值回报实现最大化；营运成本最低化，通过提供公私全覆盖的金融服务，实现渠道、业务、科技系统、客户资源等多方面对接，提高便捷性、高效性，降低运营成本；员工向心力最强化，通过提供公私全覆盖的金融服务，弥补其在财务安排、利益分配等方面存在的不足，进而提高员工向心力、产业链整合力。

二是对银行的好处。增加客户"五度"，提高竞争能力，公私联动营销能带来"客户品牌认知度、客户满意度、客户贡献度、客户忠诚度、服务美誉度"等"五度"的提升，最终带来所管理客户营销综合创效水平的大幅度提升，进而大幅度提高竞争能力；实现倍增计划，提高银行产能，公司与个人客户倍增、产品与管资倍增、效率与效益倍增；打造流程银行，推进深化改革，客户导向、资源整合、破除壁垒、及时响应、综合服务；公司金融为零售金融提供强大资源，包括批量获客客群资源、批发营销资产资源与上中下游圈链资源；零售金融为公司金融提供强力支撑，包括市场终端服务支撑、线上线下渠道支撑与高管股东员工情感支撑。

三是对客户经理的好处。公私联动营销可让客户经理升值、升级、升薪，同时省力、省事、省钱。升值即能力升值，共同上门营销时，能取长补短，提升营销队伍综合素质和营销能力；经验升值，在日常营销过程中获取了对公（零售）营销经验，成为复合型人才；关系升值，使个人客户经理客户关系圈"由点及面"，对公客户经理"找准突破点"。升级，即打造了一条人才成长快速通道。客户经理综合素质和营销能力得到提升后，能胜任更高职级，机会到来时完成职业升级。升薪，即创收渠道拓宽，公私联动营销实施"双计价"，跨板块分享劳动果实；创收产品增多，计价产品的总量增加，计价收入"水涨船高"；创收频率加快。省力，即优质客户发掘省力。省事，即营销拓展省事。对公客户中高层管理者信息实现共享，为个人优质客户拓展工作节省大量人力和物力，让个人优质客户识别变得容易。通过对法人客户中高管理层、员工提供优质个人金融服务，培育其对我行产品服务的信赖度和依赖度，进而牵引其所在单位成为我行优质法人客户。省钱，即客户维护省钱。从客户转移成本来看，如果公私联动营销成功，无论是对公客户，还是个人客户，其更换银行的转移成本将大大增加。

公私联动营销的内容

公私联动营销的内容是客户联享、产品联用、渠道联通。一是以公带私。包括批量获客、项目牵客和圈链圈客。二是以私带公。包括渠道引客、终端锁客和高管员工赢客。三是以私带私和以公带公。包括链锁营销、持续营销和口碑营销。

公私联动营销的方法

公私联动营销的方法包括上下联营、部门联手、队伍联合、活动联谊、宣传联盟。实行双客户营销、双目标考核、双产品计价、双能力提升。

公私联动营销的考核

公私联动营销的绩效主要考核公司客户员工代发工资渗透率、公司客户中个人客户渗透率、公司客户中个人产品渗透率、个人客户中公司客户渗透率、个人客户中公司产品渗透率等指标。

某市有个商业连锁企业，在城乡有130个零售网点，2450名员工，年销售额87亿元。企业要求每天零售网点的资金集中到总店，每月底由总部对外支付货款，并要求银行提供零钞兑换服务。

客户经理小张带领团队为这个客户制定了一个公私联动的综合金融服务方案，并得到客户高度认同，向这个客户销售了57个产品，其中公司金融产品27个，零售金融产品30个。

一、资金管理解决方案

收款类产品套餐解决方案。组合8个产品（网上商城与网下商城）：联名卡+POS机+MIS系统+ATM机+商E通+微信银行+手机银行+电子商务。产品买点：借力银行，降低成本；减少现金，保障安全；吸引客户，扩大销售。

资金归集类产品套餐解决方案。组合3个产品：现金管理或超级网银＝零余额账户＋实时归集＋资金池。产品买点：账户的零余额，资金的零在途，管理的零距离，控制的零风险。

付款类产品套餐解决方案。组合7个产品：银票、商票、贴现、国内信用证、国际信用证、国内保理、国际保理（集群化汇兑产品）。产品买点：降低企业融资成本，加强与上下游合作商合作，增强企业信用能力。

信息服务类产品套餐解决方案。组合5个产品：企业余额预警＋企业动账通知＋企业个性化账户报告＋企业短信通＋高管短信通。产品买点：及时准确掌握资金状况，便利门店对账、考核，提高企业经营管理水平。

零钞兑换服务类产品套餐解决方案。提供1个产品：零钞兑换服务。提供分类服务，将130个门店分为零钞平衡、零钞富余、零钞短缺三类进行管理。对旗舰店提供定网点、定柜台、定时间等三定服务。提供客户联盟服务。由银行牵手城市公交公司或专业市场的市场管理方，进行零钞互换服务。产品买点：满足关键服务需求。

二、融资服务解决方案

组合4个产品：集团授信＋企业账户透支＋企业短期融资＋门店扩张项目融资。产品买点：额度足、产品多、效率高、价格优。

三、企业理财解决方案

组合5个产品：企业理财＋投资银行＋与战略型企业战略合作（利用银行客户资源）＋财产保险＋其他企业金融服务。产品买点：银行增值服务。

四、员工理财解决方案

组合19个产品：企业年金、企业高管限售股解禁金融服务、高管高端信用卡、高管贵宾卡、高管高端理财、高管家庭理财规划、员工代发工资、员工住房按揭、员工理财规划、员工1+10(手机银行、网上银行、电话银行、短信银行、自助银行、微信银行、贷记卡或贷款、黄金、基金定投或第三方存管、保险)。产品买点：银行增值服务。

五、上下游合作商理财解决方案

组合5个产品：企业信贷（票据）服务＋企业结算服务＋企业电子银行服务＋终端市场消费者服务＋员工服务。产品买点：银行增值服务。

◎ 费用最小化、利益最大化

为了让客户能在很短时间内发现自己的付出是有价值的，客户经理在向客户说明费用时，应该以极小化的方式表达，尽量把费用极小化。比如，把"月缴"转化为"每天只需要多少钱"，把"年缴"转化为"每月只需要多少钱"，让客户有便宜、实惠的感觉。

进一步讲，就是把利益说明得更加动人，将利益最大化。成功的销售技巧不是用不实的数据吸引客户，而是在符合事实的前提下，将客户可以获得的最大利益清楚地表示出来。

比如，"张小姐，您用这个定投计划之后，只要每个月花300元，相当于你在外面少吃一顿饭，5年以后你就可以去夏威夷旅游了。"对于客户来说，300元对应着一顿饭，相比之下，去夏威夷旅游就是从天而降的奖励了。

TIPS

◆ 客户的购买点就是客户购买金融产品与服务的需求。没有购买点，就没有营销，要寻找客户的购买点，就必须摸清楚客户的心理需求。

◆ 在实行交叉营销的过程中，客户经理要学会站在客户的角度着想，使客户产生认同感，进而接受和认同客户经理和产品。

◆ 成功的销售技巧不是用不实的数据吸引客户，而是在符合事实的前提下，将客户可以获得的最大利益清楚地表示出来。

第 21 课
场外公关——功夫在诗外

所谓"场外公关",即非正式沟通,也就是不在办公室或者会议上进行正式商谈,而是在 8 小时之外的业余时间,以朋友的身份进行私人交往。客户经理除了在与客户进行正式商谈之外,还要学会运用场外公关促成交易。

妙用非正式沟通

与在办公室里谈判不同的是,与客户进行非正式沟通时没有时间和场所的限制,客户经理可以自己选择时间、地点和约会方式,这需要客户经理多花心思、考虑周全。

◎ 场外公关技巧

客户经理巧妙利用场外公关,即非正式沟通技巧,可以使之与商谈桌上的公开交流相得益彰。

第四章 善于倾听，智慧面议商谈

选择非正式商谈的对象

在和客户谈判时，客户经理可能会面对不止一位工作人员，但不需要把所有人都邀请来逐一公关。在这些人员之中只有一位或几位掌握决定权，他们才是非正式商谈的对象。

在营销初期阶段，客户经理不要急于让高层领导正式介入，而应多与非决策者进行非正式商谈，摸清具体情况，这样即使一方遭到另一方拒绝或者沟通中遇到障碍，也不至于导致商谈彻底破裂。

选择非正式商谈的时间

客户经理在联系客户时，要注意时间。比如，公务员对上班时间要求比较严格，医生一般上午比较忙，客户经理最好不要在这些时间段打扰他们。

另外，还有三个时间是需要避开的：南方人都喜欢午休，客户经理最好安排晚上请他们吃饭；很多人都讲究养生之道，晚上10点之后如果客户没有主动联系，客户经理尽量不要打扰客户；很多人注重家庭与休闲，如果不是客户主动提出，会面时间尽量避开双休日。

选择非正式商谈的场合

时间和对象选定之后，客户经理还要根据客户的喜好选择非正式商谈的场合，餐厅、郊外、公园、娱乐场所都是非正式商谈的最佳场合。如果客户喜欢喝白酒，就找一家装修雅致的中式餐厅；如果客户喜欢喝红酒，那就找一个有情调的西餐店；如果客户喜欢喝茶，那就找一个清净的茶楼。

选择非正式商谈的方式

商谈方式有很多，如一对一、一对多、二对一、二对多等，客户经理需要按照商谈的情况进行灵活选择。一定注意，男性客户经理约见女客户时，最好和一个女同事同行，避免单身赴会，让人产生误会。

◎ **场外公关的禁忌**

非正式沟通有助于营销工作的进行,有的客户经理就广邀客户吃饭、娱乐,虽然最终交易完成了,自己的提成却全部"捐献"出去了。其实非正式沟通有很多禁忌,客户经理不能随性而为。

普遍撒网

银行客户经理在约见客户时,非正式沟通的对象一般应为客户的关键人物,如分管领导、财务部门负责人和主要经办人员。因为非正式沟通都是有成本的,如果见每位客户都要请客吃饭,客户经理自己的财务受不了,时间和精力也不允许。营销是靠智慧做出来的,不是靠普遍撒网"捞"出来的。

不分主次

有些事情可以在场外谈,有些事情只能在办公室谈,有些高科技产业要专家谈,所以客户经理在约见客户时一定要分清主次、选好场合,将合适的问题留在非正式场合进行沟通。

有两个主要问题必须在办公室谈,一是定价问题,因为产品都有定价模板,谈论这些问题要注意保密;二是科技系统问题,这些问题太过严肃,在吃得很开心的时候谈论系统怎么调整,是件很煞风景的事情。

过于庸俗

在对大企业、大系统型客户,特别是跨国公司的营销中,如果过多地运用非正式沟通,会使客户产生反感,进而怀疑银行的实力。

例如,日本人很注重礼节。面对日本客户,客户经理就要注意拿捏分寸,经常请他吃饭,他会认为你有求于他;不请他吃饭,他会说你不尊重他。

总之,客户经理要切记,非正式营销只是一种补充手段,千万不能把它当作主要营销手段来运用。

学会送礼

礼物是感情的载体。中国是礼仪之邦,营销不能不送礼。优秀的客户经理懂得赠送礼物的奥妙,常常制作或购买一些小赠品,供拜访客户时赠送给客户。小赠品的价值不高,却能发挥很大的效力,因为不管得到赠品的客户喜欢与否,相信每个人在受到别人尊重时,内心的好感都会油然而生。

◎ 礼轻情意重

在营销中,给客户送什么礼物比较好呢?中国有句古话,叫作"千里送鹅毛,礼轻情意重",送人礼物不在贵重,最主要是能有创意地表达自己的心意。

客户经理小周曾经给客户送过一元钱的礼物,可八年之后,还有客户为那件礼物由衷地感谢他。到底小周送的是什么"贵重"的礼物呢?

八年前,小周到医院看望生病的朋友,在朋友的病床上看到了一沓资料,那是洪韶光教授的健康讲座资料。当时这个讲座没有光盘和书籍,那些资料是一些听课的人记录后整理成文字,打印出来,通过复印件传阅的。小周反反复复看了三遍,觉得内容非常实用,就向朋友借来,复印了4000份。之后很长一段时间,小周每见一位客户就送一份健康讲座的资料,每份资料的成本是一元钱。

2016年春节时，小周去拜访一位老客户。那位客户对小周说："小周啊，我得好好谢谢你！我的岳父岳母看了你送的洪教授的资料以后，戒酒限酒，合理膳食，适量运动，心理平衡，他们今年80多岁，越活越健康了。你们银行真好，不仅送理财服务，还送健康。"小周很意外，他没想到当时的随手之举，会换来客户这么长久的感激。

小小一份礼，重重一颗心，虽然礼物只值一元钱，但对客户的关心传递到了客户的心里，让客户感受到了温暖。

◎ 送礼的技巧

送礼是有一定技巧的，下面几招可供客户经理参考：

选择好送礼的对象

在营销过程中，客户经理向客户赠送适当的礼品，是为了表示祝贺、慰问和感激，并不是为了满足某人的欲望或显示自己富有，所以选择礼品时应根据送礼对象的兴趣、爱好，挑选一些纪念性强、具有一定特色、美观实用的物品。

选择好送礼的场合

送礼时要考虑不同场合，分清不同时令，针对不同场合赠送不同的礼物。有些礼品不能当着众人的面送，最好在私底下进行，尤其是给客户的领导送礼品。有些礼物最好当着众人送，比如银行统一印发的宣传纪念品，应该做到客户财务处人员人手一份，既可以增进双方友谊，又可以给客户面子。

选择好送礼的时机

一般来说，送礼的最佳时机有几个方面：重要节日，如春节、端午节、中秋节、圣诞节等;客户家中的喜事,如结婚、子女升学等;客户的重要纪念日,如客户或者家人的生日、结婚纪念日。

选择好送礼的人

有些时候礼物要和受礼人的身份对等。如春节拜访客户时,可由行长带队去拜访客户的主要领导,这样既可以增进领导人之间的个人友谊,又可以加强高层沟通、互通信息。

◎ **送礼的禁忌**

营销送礼有很多禁忌,客户经理一定要多加注意:

重送

营销礼品应该相对便宜一些,否则容易让客户以为是以此交换合作中更多的优惠。同时,送礼太过贵重就是行贿,这是违反国家法律的。

送礼和行贿是有区别的。首先,出发点不同,送礼注重搞好人际关系,行贿则注重物质和金钱交易;其次,目的不同,送礼是为了企业或社会的利益,行贿是为了私利而损害企业和社会效益;第三,价值不同,送礼价值小、意义大,行贿往往价值大,是赤裸裸的物质和金钱交易。一些商业银行常常选择在打火机、笔记本、圆珠笔、挂历、台历等媒介上印刷本银行的标志,宣传的效果非常好。

滥送

营销送礼要有选择,不要逢人就送,更不能随时都送。一来客户经理的财务承受不住,二来也会显得客户经理在有意公关,极易引起客户的反感。

吝送

送礼是想拉近双方的关系,该送礼的时候一定要大方,不能吝啬。其实,有些便宜却富于创意的礼品是很好的选择,比如电子书、奥运会的门票、世博会门票、银行有收藏价值的纪念币等。

迟送

中国有红、白事之分，红（喜）事提倡送礼，事后补送也没有关系，白事就没有必要了。比如，客户家93岁的老大爷过世了，没有赶上葬礼，事后补送一份礼品，显然是不合适的。给家属打个电话、发个短信致哀就可以了。

TIPS

◆ 非正式沟通有助于营销工作的进行，但客户经理要切记，非正式营销只是一种补充手段，千万不能把它当成主要营销手段来用。

◆ 在营销初期阶段，客户经理不要急于让高层领导正式介入，而应多与非决策者进行非正式商谈，摸清具体情况，这样即使遭到拒绝或者沟通中遇到障碍，也不至于导致商谈彻底破裂。

◆ 礼物是感情的载体，营销不能不送礼。优秀的客户经理懂得赠送礼物的奥妙之处。

第 22 课
提出提议——学会报盘

报盘,也就是提议,是指商讨问题时提出的银行方面的初步合作意向。在商谈阶段,客户经理的目标就在于将实质性的提议摆上商谈桌,为最终达成协议做准备。在这个过程中,最重要的问题首先是做好报盘的准备——设定底线和目标,其次是掌握报盘的技巧——学会报盘。

设定底线与目标

有些客户经理认为向客户报盘是一个难题,报价太高或太低都容易造成交易失败,于是在报盘时往往不敢开口。其实报盘时,客户经理只要设定好商谈的目标与底线即可。

◎ 制订营销商谈目标

为了达成营销目标,体现双赢思维,客户经理需要制订切实可行

的商谈目标,也就是想要得到的结果。在制订营销目标时,需要注意以下问题:

首先,简洁明了,言简意赅。制订目标时不要泛泛而谈,更不能夸夸其谈,否则极容易陷入不知所措的境地。在一次营销中可能会涉及许多目标,一定要言简意赅,突出重点。

其次,明确具体,避免含糊。营销商谈的目标应尽可能用数字来明确,如存款余额多少、信贷总额多少、利率高低等。

再次,双管齐下,可信可行。目标制订需要具有挑战性和可达性。客户经理一旦经过努力实现了营销目标,不仅能够增强自信心,还可以提高营销能力。如果目标定得过高,只能是浪费时间和精力,还可能导致营销商谈失败。

最后,轻重缓急,主次分明。营销进程需要循序渐进,营销商谈也要经过若干阶段。根据商谈目标的多样性与变化性,客户经理需要对长期目标和短期目标做出轻重缓急的排序,搞清楚长期目标和短期目标之间的关系。

◎ 设定底线并坚持下去

和制订目标一样,在营销商谈之前,客户经理应该设定自己的底线,这样既可以节省时间和精力,全力围绕制订的目标开展工作,还可以使商谈时做出的决策更加坚定与果断。

首先,设定底线的要素。有效地设定底线需要明确四个方面的因素:还有其他选择、其他选择是什么、选择的结果、如何强化底线。

其次,确定自己的底线。设定底线可以帮助客户经理守住自己在营销商谈中的最后一道防线,确保自己和客户的商谈更加顺畅。

最后,给自己留有空间。不要在商谈开始的时候就抛出自己的底线，否则会显得咄咄逼人，还会让自己陷于没有转圜空间的困境。

在谈判中，底线和最高目标二者缺一不可，客户经理不能偏废其一。

比如，财政厅有50亿元的存款可以营销。在此之前你所在的银行没有和财政厅合作过，那么你报价10亿元、20亿元都是不现实的，可以将底线设定为财政厅开户300万元（或者3000万元），最高目标设定为20亿元。

如果客户经理没有设定好自己谈判的底线，总是想着最高目标，在报盘时就会心中无底，盲目要价，谈判就很难顺利进行。反过来，如果不考虑如何守住底线，就很容易导致营销失利。

此外底线营销对处理银行内部关系也是很有效的方法。比如，向行长汇报今年营销计划时，保证财政厅存款的目标底线是确保在本行开户，那么到年底如果财政厅在本行开户且存款3000万元，行长一定会非常高兴，并表扬你干得好！但是，如果年初向行长报备今年的营销目标时，向行长保证吸纳财政厅的存款达到20亿元，那么年底总结工作时，如果财政厅在本行开户且存款3000万元，行长不仅不会高兴，还会批评你只会夸海口，说大话。这叫吃力不讨好，做了事，却得不到领导的认同，最终导致自己没有成就感。

其实，客户营销是一个循序渐进的过程，对待大客户，最好的营销方法是渗透法，先建立联系，再逐步渗透，进而建立长期的战略合作伙伴关系。

学会报盘

学会报盘，就是要掌握提议的技巧，提出可接受提议，为商谈顺利进行抛砖引玉。

◎ **提出可接受提议**

提议分为可接受提议和不可接受提议两种。可接受提议是最接近双方目标、双方都可以接受的可行性提议，很有可能成为商谈最终的协议；反之，不可接受提议是只要有一方不可接受的不可行性提议。这是客户经理的雷区，切记不可踏入。客户经理在设定好自己的底线和目标的情况下，要拿出一个双方都能接受的提议去跟客户交流。

双方都能接受的提议，应该做到以下三个方面：

满足对方的主要需求或某种特殊需求。在商谈中，客户经理要通过望、闻、问、切等方法来发现客户的主要需求，然后认真地分析研究，看与自己的需求有多少共同点，接着在此基础上适时地提出包含客户主要需求的建议，这样才能引起客户的好感和重视。

巧妙地表达自己的需求。客户经理在努力发掘客户需求的同时，要善于巧妙地将自己的需求表达出来，而且你的需求要建立在对方的需求之上，与对方的需求一致，这样双方就有了共同的利益，也找到了共同语言，接下来的商谈就会变得很顺利。

提出提议的过程要清楚、简要。提出提议时，要让客户快速获知，在提出提议前，客户经理已充分考虑并了解他的情况。最佳方案就是做一个简单的背景资料，其中包括对客户的需求、本银行的优势、金融产品的特点、双方合作的可能性及好处等，从而引起客户的兴趣。

> 可接受提议："官局长，您好！感谢您接见我们，我们银行就是要为地方经济发展做贡献。我知道您跟其他银行关系很好，你跟他们的行长都是很好的朋友，但我建议您不忘老朋友、结交新朋友，给我一个机会，您先在我们这里开个户，感受一下我们的服务，怎么样？"

客户经理这样的提议对宫局长来说就很轻松，因为无论以后他会购买多少产品和服务，现在需要做的只是开户（这是客户经理的底线），而且处在一个被邀请的地位上，让他感觉受到了尊重，交易成功就变得顺理成章了。

不可接受提议："宫局长，我们张市长都跟您打过招呼了，您能不能把10亿元的存款转到我们银行的账上？"

客户经理如果提出这个方案，宫局长会很难接受。因为他处在一个被别人要求的位置上，而且对方是以狐假虎威的方式，用更大的领导来压他。这种要求首先从心理上，一定会让人产生排斥情绪，而且需要他做的不仅仅是开户，还要从其他银行划转10亿元的存款，这需要他想办法，采用很多手段以平衡各种利益关系。这样的要求本来就让人反感，还需要想尽办法去摆平关系，相信换任何人，都很难接受。

客户经理提出提议时，一定要将心比心、换位思考，重视客户的感受，提出最易于客户接受的提议。

◎ **注意事项**

客户经理提出提议通常有两种技巧：一是自己报盘，锁定话题，为最后解决问题规定范围。比如，"看来我们有共同的兴趣，让我们来谈谈合作计划吧！"随后概述提议中的要点或送上书面提议。二是等待对方先报盘，认真恳切地听取对方的陈述，把自己的提议当作核对表，以便见机行事。

选择何种报盘技巧，完全取决于客户经理的个人爱好或者随机应变。无论采取哪种技巧，客户经理都要记住以下几点：

第一，事先确定每次商谈的最终方案，即自己的底线。

第二，发盘要有一定的底线，还要留有协商的余地。如果发盘太高，就有可能冒犯对方；如果不留协商余地，对方可能就会得出不值得与你合作的结论。

第三，无论是发盘还是接盘，都要准备好为自己的提议陈述理由。

第四，一般来说，不要接受对方的第一次发盘。无论对方发盘是开价过高还是过低，如果你立即接受，会使对方感到后悔，认为掉进了你设计的陷阱里。

第五，把所有重要事项列在清单上，确信自己的提议是完整的。

第六，运用封闭式问题，确信正确地理解了对方的发盘。比如，"您除了基本账户外，应该还有专用账户，对吗？"迫使对方做出非此即彼的回答。

TIPS

◆ 报盘，是指商讨问题时提出的银行方面的初步合作意向。在商谈阶段，客户经理的目标就在于将实质性的提议摆上商谈桌，为最终达成协议做准备。在这个过程中，最重要的问题是做好报盘的准备——设定底线和目标，掌握报盘的技巧——学会报盘。

◆ 在营销商谈之前，客户经理应该设定自己的底线，既可以节省时间和精力，全力围绕制定的目标开展工作，还可以使商谈时做出的决策更加坚定与果断。

◆ 通常报盘时有两种技巧：一是自己报盘，锁定话题，为最后解决问题规定范围；二是等待对方先报盘，认真恳切地听取对方的陈述，把自己的提议当作核对表，见机行事。

第五章
春风化雨，巧妙处理异议

在营销商谈之中，思维的触碰无处不在，难免会遇到客户的拒绝，这时就需要客户经理灵活应对：首先，正确认识客户的拒绝，然后辨别拒绝的"真面目"，最后运用各种方法冰释异议。

第 23 课
认识异议——营销从被拒绝开始

客户经理去拜访客户时,客户说没时间;询问客户的需求时,客户隐藏了真正的动机;向客户解说金融产品时,客户带着不以为然的表情……这些都被称为异议或拒绝。客户经理在营销过程中的任何一个举动,都有可能导致客户由于不赞同而提出质疑和拒绝。

客户向你说"不"

一般来讲,客户提出拒绝,并不代表他将完全不与你所在的银行合作,或许只是表示有些顾虑或想法,是一种保护自我利益的本能行为。作为客户经理,需要分析客户的心理,正确认识客户的拒绝。

◎ 没有拒绝就没有营销

拒绝陌生人是人的本能反应,是很正常的现象。营销是从被拒绝开始的,需要经历一个说服客户从不愿意合作到决定合作的过程。每化解一个拒绝，就扫除了一个与客户的障碍，就越接近客户。在遭到新客户拒绝时，客户经理无须太过沮丧，因为这是你了解客户的真正需求，掌握更多信息的天然途径。

商业银行市场营销是需要"拒绝"的。如果市场营销活动中只有客户经理的解释说明，客户方面毫无反应或者不置可否的随意敷衍，就无法形成客户经理和客户的互动，营销就很难进行下去。

◎"不"可能意味着"是"

多数新入行的客户经理对拒绝都抱着负面看法，甚至对拒绝充满了恐惧。其实，换个角度来体会，拒绝还有另外一层含义：通过对客户拒绝问题的处理，让客户真正了解你，了解你所在的银行，了解你所推介的金融产品，进而达成合作协议。

营销的障碍不一定是客户的"拒绝"，而是客户经理无法理解"拒绝"的真实原因。客户随口而出的"不"字，可能不是在拒绝，而是意味着"你是否能说得更明白些"或者"我想知道更多的金融产品信息"，客户经理应该善于透过现象看本质，弄清楚客户口中的"不"是不是真的拒绝。

◎"不"只代表今天的拒绝

客户今天没有需求，不代表明天没有需求；客户对这个金融产品没有需求，不代表对其他金融产品没有需求；客户拒绝你这个客户经理，不代表拒绝你这个银行；这个财务总监没有需求，不代表今后换个财务总监没有需求。在遇到客户非常坚决地拒绝时，客户经理应该知难而后退、适可而止，同时不要忘记留下名片与宣传资料，回银行后发一封电子邮件或者打一个电话表示感谢，给客户留下好印象，然后把握适当时机，择日再次登门拜访。

面对拒绝，态度先行

了解了客户拒绝的本质，客户经理就可以用积极的心态去处理与化解各种"拒绝"了。在训练处理拒绝时，不仅需要练习技巧，还要注意培养正确的态度。只有对拒绝秉持正确的态度，客户经理才能冷静、沉稳地辨别拒绝的真伪，才能从拒绝中发现客户的需求，从而把拒绝转换为营销机会。

◎ 平常心面对拒绝

听到客户的意见后，客户经理不可紧张、不可动怒或采取敌对态度，要保持冷静，继续以笑脸相迎，以平常心对待，同时给自己心理暗示："这次被拒绝没有什么大不了的，一切都会过去，时间会改变一切。"如此才能顶住拒绝的重压，以正确的心态面对拒绝。

◎ 始终忠诚与谦虚

在学校里，学生要谦虚地接受老师的训导，客户经理在面对客户拒绝时，也应保持诚实与谦虚，放低姿态接受客户的意见，才能使客户推心置腹，才能得到客户的信任和认可。

◎ 有信心与权威感

在营销活动中，客户经理是金融专家，在向客户阐述专业问题时，应该充满信心。只有自己充满信心，才能得到别人的信任。有"不会被别人问倒"的把握和信心，态度上自然从容镇定，说出话来必然会扣人心弦。

◎ 千万不可争论

面对客户的拒绝，千万不要与客户争论，因为你的工作是营销产品，目的是成功营销，不是为了与人争输赢。和客户争吵是下下之举，也许可以一吐心中的不平之气，最终却是害人又害己。最好的对策是"一笑了之"，既不能赤裸裸地直接反驳客户，更不能直指或隐指其愚昧无知。

◎ 灵活处理

客户的拒绝问题千奇百怪，具有较大的随意性。面对客户的拒绝，客户经理没有固定的对策，需要在不同的情境中具体问题具体分析，按照客户拒绝的原因，进行灵活处理。

比如，对于一些与金融无关或者客户随口编造的问题，千万不要当真，否则就会落入"圈套"，导致营销失败；对于一些一时难以回答的问题，暂时搁置，待弄清楚之后再选择合适时机予以回答。

◎ 准备撤退，保留后路

做营销很少能一次成功，客户提出拒绝很可能是因为时机尚未成熟，此时客户经理应该勇于撤退，避免和客户发生正面冲突，为下次营销留下机会。

TIPS

◆ 拒绝陌生人是人的本能反应，是很正常的现象。营销是从被拒绝开始的，需要经历一个说服客户从不愿意合作到决定合作的过程。每化解一个拒绝，就扫除了一个与客户的障碍，就越接近客户。

◆ 客户的拒绝，并不代表他将完全不与你所在的银行合作，或许只是表示有些顾虑想法，是一种保护自我利益的本能行为。

◆ 营销的障碍不一定是客户的"拒绝"，而是客户经理无法理解"拒绝"的真实原因。客户随口而出的"不"字，可能不是拒绝，而是意味着"你是否能说得更明白些"或者"我想知道更多的金融产品信息"。客户经理应该善于透过现象看本质，弄清楚客户口中的"不"是不是真的拒绝。

第五章
春风化雨，巧妙处理异议

第 24 课
辨别异议——识别庐山真面目

很多时候客户的拒绝并不是客户经理的错，而是"月亮惹的祸"，客户经理没有必要把所有责任都归咎于自己，最需要做的是找到客户提出异议的真正原因，掌握辨别异议的方法。

客户异议的真相

◎ 客户异议的种类

异议有三种不同的种类，分别是真实的异议、虚假的异议和隐藏的异议，客户经理必须辨别清楚。

真实的异议

客户表达目前没有需求、对银行的产品不满意或对银行的产品抱有偏见。比如，从朋友处听说客户经理推荐的产品容易出问题。这是客户真实想法的反应，可以认定是真实的拒绝。

虚假的异议

这种异议分为两种,一种是客户用借口、敷衍的方式应付客户经理,目的是不想诚意地进行商谈,不想与客户经理所在的银行合作;另一种是客户提出很多拒绝的理由,其实都不是他们真正在乎的地方,其原因主要是对客户经理不信任。

客户拒绝时常见借口有:要和配偶商量、还没有要理财的想法、要再思考一下、不会因为一时冲动而投资、现在的投资总是亏本、已经有理财经理了、要与其他银行进行比较,等等。

隐藏的异议

这种异议一是指客户并不把真正的拒绝提出,二是提出另外一些真的拒绝和假的拒绝,目的是借此假象隐藏拒绝,为商谈创造有利条件。例如,希望降价时,客户会对产品品质、外观等提出异议,以降低产品的价值,进而达到降价的目的。

◎ 客户提出异议的原因

客户经理只有真正了解客户提出异议的原因,才能更冷静地处理。

归纳来说,客户提出异议的原因主要有三个,一是客户自己,二是客户经理,三是银行、产品及服务。

原因在客户

客户经理营销失败,有时是客户的原因:拒绝改变、没有意愿、正处于情绪低潮、需要没有得到满足、预算不足、借口和推托、抱有隐藏拒绝等。

比如,有的客户对现代理财、金融理财、网上银行缺乏了解,思想不能跟上时代,因为不了解而拒绝。再者,眼界决定境界,档次决定层次。有的客户还没有将市场做到全国,视野不够开阔,境界不够高,所以选择拒绝。

原因在客户经理

有时客户的拒绝是因为客户经理自身的不足。比如，举止态度无法赢得客户的好感、做了夸大不实的陈述、使用过多的专业术语、市场调查不正确、礼仪不够专业、姿态过高、处处让客户词穷、方案不对客户的销路，等等。

原因在银行、产品及服务

客户的拒绝也有可能是银行和产品方面的原因，比如银行的品牌美誉度不够高，或者是银行的产品和服务不能满足客户的需求。多数客户都会以大局为重，如果银行的产品和服务不能满足他们的需求，即使私下关系再好，也会以公司或企业的利益为重，况且还有董事会、社会股东等各方面的考核与审定，可能最终还是选择拒绝。

客户经理小赵的业绩一向很好。他有一个已经合作了5年的客户，这位客户在他工作的银行存款最多时达到十几个亿。有一天，这位客户突然对小赵说："从你们行长到你们老总，再到支行的员工，我都熟悉，你们都是我的好朋友。但朋友归朋友，现在，我只能在你们银行留2亿元的存款，其他存款我必须转走。"

"为什么？"小赵困惑地问。

"因为你们的金融服务已经不能满足我们公司全球化的需要了。"

客户拒绝的理由很合理，很正常。之后，小赵迅速把情况反映给了上级。经过分析和调查，这家银行认识到了自身的不足，对产品和服务进行了升级，并为这家公司度身定做了一系列金融产品，完善了各项服务，最后，客户又回到了这家银行。

犯错不可怕，一错再错才可怕。面对客户拒绝，客户经理一定要"识别庐山真面目"，弄清客户拒绝的真正原因，牢记教训，避免犯同样的错误。

遇见"红灯"不要停

在营销过程中，客户提出异议时，除了用语言表示，如"我们现在不需要这种金融产品""你们银行的服务不太好""我还要仔细考虑"，还会通过身体语言表达出来。因此，客户经理不仅要找到客户拒绝的原因，还要掌握辨别客户异议的方法。

客户一般会通过面部表情、身体角度、动作姿势来传递三种信号：可行（绿灯）、徘徊（黄灯）、反对（红灯）。

◎ 绿灯：传递可行信号

客户亮起绿灯时，常常有如下表现：

面部表情

愉悦、轻松、微笑，目光柔和，语调积极且富有情感。

身体角度

身体前倾，双手摊开，握手有力。

动作姿势

双臂呈放松状态，双腿交叉叠起。

应对策略：一旦客户亮起绿灯，表明对客户经理持赞同的态度，说明客户愿意听客户经理叙述，并对客户经理的话或者推荐的产品感兴趣。此时，客户经理应该抓住机会快速行动，尽快成交。

◎ 黄灯：传递徘徊信号

客户亮起黄灯时，常常有如下表现：

面部表情

迷茫或者困惑，目光有意躲避，语调伴随着疑问。

身体角度

朝着远离你的方向倾斜。

动作姿势

双臂交叉，略显紧张，双手摆动或手里玩弄其他东西，握手乏力。

应对策略：一旦客户亮起黄灯，表明他还在迟疑、徘徊或者犹豫不决。此时客户经理一定要敏感，要意识到可能是沟通不畅或者客户对某些问题一知半解，然后果断采取行动，运用差异营销法，即利益营销法，消除客户的疑虑，尽快向绿灯转换，防止黄灯向红灯转换。

◎ 红灯：传递反对的信息

客户亮起红灯时，常常有如下表现：

面部表情

表现出生气、紧张或者忐忑不安的样子，锁紧双眉，不再与你有目光接触，语调变得低沉、消极。

身体角度

突然起身，身体背向你或者锁紧双肩、身体向后倾斜，显示出"拒人于千里之外"或者"心不在焉"的态度。

动作姿势

双臂交叉并紧紧抱在胸前，握手乏力或做出拒绝的手势，双腿交叉并远离你。

应对策略：一旦客户亮起红灯，表明客户经理在与一个对其营销的产品或者服务不感兴趣的人打交道,此时客户经理应该及时"刹车",否则就会因为"闯红灯"而受到处罚,自讨没趣。

  客户经理小王正在向新客户营销贷记卡:"您好,我们行新推出了一个贷记卡,功能很丰富,跨行取钱免手续费,异地汇款免手续费,方便又实惠。"

情景一:可行的信号

目标客户:"这个贷记卡有点意思啊!"

小王:"孙总,您带身份证了吗?我现在就可以给您办,您马上就能体验到这张卡的好处。"

情景二:徘徊的信号

目标客户:"这种贷记卡和其他银行的贷记卡好像没有多大差别啊!"

小王:"孙总,您对银行贷记卡的了解可真多!不过,我们的贷记卡有许多特别优惠:一是授信额度较高。二是费率较低,每年消费三次即可免除年费。三是坐飞机可以走我们银行的贵宾通道!四是卡片设计庄重大方,是高贵身份的象征。您只要体验一下,就会发现这张卡和其他银行贷记卡的差别了。"

情景三:反对的信号

目标客户:"我钱包里已经有7张银行贷记卡了,不需要了。"

小王:"孙总,您太有金融理财的意识了,您真会利用银行的金融工具。不过,孙总,您多一张贷记卡,就多一份服务的体验;多一个银行,就多一个朋友;多一份贷记卡的授信,就多一分保障,所以我建议您再试试我们的贷记卡。"

第五章
春风化雨，巧妙处理异议

在上面的案例中，如果客户感兴趣，客户经理就应该抓住时机，马上给客户办理贷记卡。第二种情景中，客户还在徘徊，属于黄灯信号，传达的信息是客户准备拒绝，客户经理就要进行差异化的营销。第三种情况表现的是客户完全的拒绝，这就属于红灯信号，客户经理也不要放弃，可以先赞美，为以后的营销寻求机会。

TIPS

◆ 客户的拒绝并不全是客户经理的错，客户经理没有必要把所有责任都归咎于自己，最需要做的是找到客户提出异议的真正原因，掌握辨别异议的方法。

◆ 客户一般会通过面部表情、身体角度、动作姿势来传递三种信号：可行（绿灯）、徘徊（黄灯）、反对（红灯）。

◆ 拒绝是营销的最好机会，客户经理不要害怕被拒绝。除非客户连再和客户经理见面的机会都不给，否则永远还有营销的机会。

第 25 课
冰释异议——随机应变总相宜

掌握了客户产生异议的原因和辨别异议的方法，等待客户经理的就是处理异议，赢得客户的认可和信任。

异议处理的原则和模式

◎ **异议处理的原则**

面对客户的拒绝，客户经理不要过于慌张，可以暂时忽视客户说的话，在心里鼓励自己，积极思考对策。一般可采取以下原则：

细心聆听

当客户提出异议时，要细心听取他的谈话内容和措辞，弄清异议的真正含义，然后选择适当的方法做出适当的反应。

理解

明白客户的意思后，要表现出尊重和体谅，表明客户产生这样的想法是可以理解的，使客户产生信任感。

灵活机智

灵活地运用各种技巧，逐步引导客户改变思路，避免与客户争论。

提出方案

客户经理要对自己营销的金融产品与服务有相当的认识，帮助客户体会你设计的金融服务方案能适合他的需要。

尝试成交

提出解决方案后，客户经理可以适时要求客户做出适当行动，尝试成交。

◎ 异议处理的模式

这里所说的异议处理是客户经理处理所有异议的基本程序，客户经理可以利用这一模式将许多异议变成机会。

重复客户异议

这一步是为了表现已经听取了客户的意见，以减轻客户的防御心理。这样做不仅可以缓和气氛，还可以争取一段组织自己想法的时间，从而将被动局面转变为主动局面。

澄清模糊问题

客户提出的异议大部分是一般性的，不太明确，客户经理可以通过对异议的明确确定，准确把握客户的想法，并有针对性地给予满意的答复。

介绍产品知识

异议给客户经理提供了与客户讨论金融产品的时机与服务问题的机会，客户经理应该以明确中肯的方式启发客户，向客户传递产品信息，介绍产品知识。

逐一确认答复

每次对客户异议做出反应的时候，客户经理应该与客户一起检查、确认自己的答复是否解决了客户的疑虑，确认客户对信息的理解和接受程度，确定下一步的努力方向。

处理客户异议有方法

冰释客户异议的方法有很多。比如，列举其他客户成功的案例，向客户证明自己银行的产品有保证。客户由于见面太频繁而产生厌倦感，可以用冷处理法淡化一下热度，给客户一个心理空间。除此之外，还有一些很具体的方法，如除疑去误法、让步处理法、以优补劣法、讨教客户法、以退为进法和以柔克刚法等。

◎ 除疑去误法

人与人的思维方式不同，误解的产生也就在所难免。在营销过程中也会产生误解，客户或许由于不了解产品或服务，或许不了解银行的实力，就会对客户经理的工作产生疑问。面对这种情况，客户经理应该耐心解释，消除客户的疑问。

目标客户："保本基金怎么还会亏损啊？"

客户经理："先生，我和您说明一下：保本基金一般都是有期限的。您持有保本基金到招募书上规定的期限之前，产生的亏损都由基金公司承担，您的本金不会有损失。但是如果您提前赎回的话，这部分的风险就要由您自己承担了。"

◎ 让步处理法

让步处理法也叫作肯定否定法，是指在一定程度上承认客户的看法，然后在此基础上根据有关事实和理由间接否定客户的反对意见。也就是把否定隐藏在肯定之后，先肯定客户，再委婉地表述自己的否定观点。营销中遭遇客户拒绝时，客户经理要学会先缓和客户的情绪，用自己的反应来认同客户，比如点头、微笑、说"是的"，进而给自己时间理清思路，找准时机阐明观点。

情景一

目标客户："今年整体大势环境不好，我不想投资基金。"

客户经理："是的，我觉得您说得有道理，今年形势的确有可能像您说的这样，但是这种情况反而是主动型基金表现的机会。"（拿出相应的数据向客户演示和说明。）

情景二

客户经理："郑老板，您好！我们行正在销售的实物黄金产品质地优良，来自于优质的黄金公司。"

目标客户："可是我觉得你们银行黄金的包装太差了。"

客户经理："郑老板，您可真有眼光啊，我们更注重的是黄金的品质。"

目标客户："可是你这边黄金的报价，好像比商场销售的黄金要贵一些吧？"

客户经理："郑老板，您可真有见地，我们卖的是贵金属，所以价格比较贵嘛！而且我们的黄金，不仅可以保值，还有艺术价值和收藏价值，所以它物有所值。同时，我们这种黄金产品是专为你这样的亿万富翁定做的，一般客户根本买不到的。"

目标客户:"那你们的黄金品质有保证吗?会不会有假货啊?"

客户经理:"郑老板,您可真幽默!我们银行是信用企业,有国家信用做保证。同时,为了防止黄金有假货,我们银行一直都是直销,直接从黄金公司进来的,这一点请您绝对放心!"

用让步处理法(肯定否定法)肯定客户时,也要根据客户否定的内容采用不同的应对话术。比如,情景一对话中可以用赞美来肯定客户的说法,情景二就不适用,因为客户是对黄金的质量提出质疑,这时赞美客户就是在肯定客户对产品品质的否定,不利于下面话题的展开。

◎ 以优补劣法

以优补劣法也叫作转换意思法,利用产品或服务的优点来弥补其缺点,以此淡化客户的反对意见。也可以利用客户的反对意见本身处理客户的反对意见,即将自己的说辞建立在客户的异议之上,然后说服客户。

情景一

目标客户:"你们的网上银行操作太复杂了,非常不方便!"

客户经理:"是的,为了保障您的资金安全,我们采取了必要的安全措施,其实操作起来并不复杂。我来帮您演示一下。"

情景二

目标客户:"我对理财不感兴趣,我没时间理财。"

客户经理:"您的确是个大忙人。工作的目的是赚钱,理财的目的也是为资产增值,我们的目标是一致的。我的工作就是为忙碌的您提供专业的金融咨询服务,让您可以把更多时间留给您的事业和家人。"

◎ 讨教客户法

讨教客户法也叫做认真倾听法，是指在遇到客户的反对意见时，客户经理可以积极地向客户讨教，达到在讨论中化解反对意见的目的。这个方法的使用要点是做客户的听众，认真地倾听，给客户尊重的感觉，在倾听中找出客户的需求点进行营销。

"看来您在投资方面很有心得，我们应该多向您请教。"

"您看看这支基金怎么样？"

"您认为这款理财产品怎么样？"

◎ 以柔克刚法

凡是客户说的话，客户经理应该采用接受、认同甚至赞美的话来回答。接受、认同和赞美，三者在程度上有所区别，如果内心不认同客户的观点，可以采用接受的方式；如果客户对理财的认识比较专业，就可以采用认同或赞美的方式。

目标客户："现在投资基金的风险很大，我不想冒这个风险。"

客户经理："是的，李先生，我能体会您的感受。"

目标客户："我觉得现在行情不好，买基金风险太高。"

客户经理："李先生，您的看法很专业，我很认同您的说法。"

目标客户："我认为投资额度符不符合实际需求，比选择产品种类更重要。"

客户经理："李先生，您的想法真的很专业，我第一次碰到像李先生这么懂行的人，真是太高兴了。"

◎ 以退为进法

以退为进法也叫作转移话题法、太极法。两岁的小孩子拿着剪刀玩耍，很容易发生危险，母亲想要让他把剪刀放下，如果直接去抢，反而容易伤着孩子，因为孩子正玩得高兴，更没有危险的意识，他会不自觉地抵抗。聪明的妈妈会拿新玩具转移孩子的注意力，然后趁孩子不注意，把剪刀从孩子手里拿过来。

营销活动也一样，当客户经理尝试促成被拒绝之后，与其直接地反驳客户，不如转移话题，先将产品放在一边，和客户聊聊别的，让客户放松警惕，放下戒备心。聊到客户放松时，再试着慢慢切回正题，继续尝试营销。

目标客户："谢谢你，我的信用卡已经有很多张了，不需要再办了。"

客户经理："好的，既然李先生没什么兴趣，我当然不能勉强您。只是我要说明的是，我们这张卡强调失卡零风险，尤其是在国外旅行的时候，您就会发现这张卡真的跟其他银行的信用卡不一样。我们就有一个客户，曾经在国外遗失皮夹，身上的信用卡也都遗失了，当时这位客户碰到了许多麻烦，只有我们这张卡让他没有发生任何财产损失，让他感到最安心、最满意。"

TIPS

◆ 让步处理法也叫肯定否定法，是指在一定程度上承认客户的看法，然后在此基础上根据有关事实和理由间接否定客户的反对意见。也就是把否定隐藏在肯定之后，先肯定客户，再委婉地表述自己的否定观点。

◆ 以优补劣法也叫作转换意思法,利用产品或服务的优点来弥补其缺点,以此淡化客户的反对意见。也可以利用客户的反对意见本身处理客户的反对意见,即将自己的说辞建立在客户的异议之上,然后说服客户。

◆ 客户说的话,客户经理应该采用接受、认同甚至赞美的话来回答。接受、认同和赞美,三者在程度上有所区别,如果内心不认同客户的观点,可以采用接受的方式;如果客户对理财的认识比较专业,就可以采用认同或赞美的方式。

第六章

力争双赢,快乐达成交易

营销不宜"拖",该出手时就出手。面对客户的信号,客户经理要灵活"接招",想客户心中之所想,走出成交误区,最终达成交易。

第 26 课
捕捉成交信号——该出手时就出手

想要快速而成功地促成交易，最主要的办法是掌握客户情绪变化的规律，抓住客户情绪变化的信号。

客户情绪变化八阶段

客户情绪变化是有规律可循的。一般来说，客户情绪变化分为八个阶段：第一步，开始关注；第二步，产生兴趣；第三步，发生联想；第四步，激起欲望；第五步，进行比较；第六步，完全相信；第七步，决心购买；第八步，感到满意。

在这八个阶段中，决心购买是促成交易的关键时刻，感到满意是双方合作的最佳境界。在第一阶段，客户经理可以通过言行举止、知识营销促使客户情绪上升。一段时间之后，客户的情绪会低落下去，这时客户经理必须展开积极的营销，恢复对方的兴趣。接下来用语言描绘金融产品的使用价值，同时用"三段论"介绍法或利益营销法向

第六章 力争双赢，快乐达成交易

客户说明产品的优点，引起客户的联想，使客户的情绪上升。当客户情绪再次上升并维持在高潮时期，客户经理要充分运用事实证明法等营销技巧让客户心服口服，并让客户将你营销的金融产品与其他产品加以比较，获得客户的信任。这时，便进入促成交易的关键时刻，客户经理要想办法巩固客户的购买意志，下定决心采取签约行动，客户的情绪会第三次上升。

由此可以看出，客户情绪在关注、欲望和决心行为这三个阶段会有极大的波动，如果客户经理不能及时掌握客户情绪变化的规律，就很难捕捉到有利的成交时机。

小张先用"现金管理"理念引起客户注意："'现金管理'这个词是从国外引进的，国内叫'资金管控'。"听到这儿，客户觉得很新鲜，对现金管理业务产生了兴趣。

小张接着向客户介绍："现金管理业务的好处就在于账户的零余额、资金的零在途、控制的零风险和管理的零距离。"听到这里，客户联想到：这样一来，我的资金就能很快到账，存款和贷款也可以实现双降，有利于企业核算。他的购买欲望被激起来了。

小张看到客户动心了，进而将现金管理业务与其他产品进行了比较："不同于网上银行用的互联网平台，现金管理业务用的是DDN专线连接，可以更好地防止黑客，有更好的防火墙，并且现金管理业务是专门为集团型客户定做的，银行花费的成本很高，是在用整个系统为客户做支撑。"这时，客户已经完全相信现金管理业务这个产品很好，对小张的产品和服务也感到很满意，最终决定购买。

识别客户购买信号

对于客户经理来说,把握促成成交时机是至关重要的,过早或者过晚都会影响成交的质量和成败。当目标客户决定签约时,往往会通过外部表现来传递购买信号,善于感知他人态度变化的客户经理,能够根据这些信号来判断成交的火候和时机。

一般来说,客户的购买意图常常通过语言、行为、表情等表现出来,有些是有意表示的,有些则是无意流露的,后者更需要客户经理及时发现。通常客户成交信号可以分为语言信号、行为信号、表情信号三种。

◎ 语言信号

归纳来说,客户的语言信号主要有以下三种情况:

提出一些与产品或者服务相关的问题,讲述一些参与意见

比如,"你们的现金管理业务,能不能上客户端?""每个月定投3000块钱,我觉得还是多了点,能不能调整一下?"

打听有关金融产品与服务的详细情况

比如,"你们这张卡的年费是多少?我一年刷卡到多少额度能免年费?"

提出研究合作协议的具体条款

比如,"你们中间业务的报价能不能再优惠一点?"

语言信号的种类很多,有表示赞叹的,有表示惊奇的,有表示欣赏的,有表示询问的,也有表示反对意见的。应当注意的是,反对意见比较复杂,有些是成交的信号,有些不是,客户经理要视具体情况进行分析。总之,只要客户经理有意捕捉和诱发客户的语言信号,就可以顺利促成交易。

◎ 行为信号

客户有意购买的时候，通常会通过一系列行为来传递信号。

客户有意购买的行为信号

  频频点头，手舞足蹈，哼起小调；

  身体前倾，更加靠近客户经理；

  再次查看产品说明书、金融服务方案书、合作协议书草案；

  提出开户申请、贷款申请的需求；

  讨价还价。

客户经理要仔细观察客户的行为，并根据其变化趋势，利用相应策略、技巧加以诱导，促成营销。

◎ 表情信号

人的表情很丰富，喜怒哀乐尽在其中，客户的情绪也会通过面部表情传递出来。眼睛注视、嘴角微翘或点头赞许都与客户的心理感受有关，均可视为成交信号。

成交的表情信号

  紧锁的双眉分开、上扬，眼球转动加快，眼睛炯炯有神；

  嘴唇抿紧；

  神色活跃。

总之，客户的语言、面部表情和一举一动都在表明他们的想法，客户经理一定要及时发现、理解、利用客户表露出来的成交信号，把握好机会，促成交易。

TIPS

◆ 客户的情绪变化是有规律可循的。要想快速而成功地促成交易，最主要的办法是掌握客户情绪变化的规律，抓住客户情绪变化的信号。

◆ 客户的情绪在开始关注、激起欲望和决心购买这三个阶段会有极大的波动，如果客户经理不能及时掌握客户情绪变化的规律，就很难捕捉到有利的成交时机。

◆ 一般来说，客户的购买意图常常通过语言、行为、表情等表现出来，有些是有意表示的，有些则是无意流露的，后者更需要客户经理及时发现。

第六章
力争双赢,快乐达成交易

第 27 课
讲究成交策略——兵来将挡,水来土掩

俗话说"商场如战场"。战场上需要将领排兵布阵,银行营销中,客户经理也要讲究策略,兵来将挡,水来土掩。

基本成交法

成交的方法很多,客户经理要学会灵活运用。下面列举七种方法,供大家参考。

◎ 目标导向法

目标导向法是指最终目标只有一个,但是达到目标的方法却有很多种。目标导向法适用于任何产品的销售。

以销售较高单价的保险为例,如果客户经理的目标在 200 万元保额或是每月 3000 元的保费,就可以应用几种不同的问法:

第一种:您要保额 100 万还是 200 万?

第二种：您要保额 200 万还是 300 万？

第三种：您要保额 200 万还是 400 万？

第四种：您一个月要存 2000 还是 3000？

第五种：您一个月要存 3000 还是 4000？

第六种：您一个月要存 3000 还是 6000？

根据成交客户群的统计结果，以上六种问法最后答案产生的概率分别是：

第一种：选择 100 万与 200 万的概率是 65%∶35%

第二种：选择 200 万与 300 万的概率是 70%∶30%

第三种：选择 200 万与 400 万的概率是 90%∶10%

第四种：选择 2000 与 3000 的概率是 45%∶55%

第五种：选择 3000 与 4000 的概率是 55%∶45%

第六种：选择 3000 与 6000 的概率是 75%∶25%

以上数据表明：假如客户经理选择保额发问，客户会有花钱买东西的联想，就会倾向于最低额度，金额越大就越明显，当客户经理将两个金额刻意拉大距离时，客户选择小金额的概率会急剧增加。假如客户经理选择以存款的概念发问，客户比较接受向上提升的建议，当客户经理将两个金额刻意拉大距离时，选择小金额概率则会因为实际能力的限制而增加。

◎"二择一"法

"二择一"法是巧妙利用人类微妙心理促成交易的方法。在即将成交时，客户经理要做营销的推动方，主动给客户提出两个建议，让客户进行选择，促使目标客户做出决定性的行动。只有一个建议会让客户产生被动感，建议太多反而容易让客户无法选择，所以两个建议是最佳选择。

第六章
力争双赢，快乐达成交易

"二择一"法的问话方式也很讲究，千万不要问"要不要"。同样是早餐摊上卖鸡蛋的小商贩，有的人问："您是要一个鸡蛋还是两个鸡蛋？"有的人问："您要不要鸡蛋？"前者的销量明显大于后者。因为前一种问法会给人一种心理暗示：至少买一个鸡蛋，后一种问法让人有了可以不买的选择。

在银行营销中，客户经理可以用这样的问话方式：

"您要买基金，是买10万还是20万？"

"您要确定的保险额度是200万还是300万？"

"您喜欢您的分公司从下自上将销售资金汇划给总公司，还是由总公司直接从分公司账上扣划资金？"

"二择一"法促成交易有很强的操作性，可以有效地控制场面，避免客户偏离原先设定的营销方案，客户经理不妨经常采用。

◎ 投石问路（征询）法

投石问路（征询）法是指通过设计提问来激发潜在客户的反应，而不是咄咄逼人地迫使客户做出明确的购买决策。

比如，可以提问："我们还需要讨论什么问题呢？"若目标客户做出否定回答，就表明他将要做出购买决策了。如果客户回答"我已经提供了所有相关信息"或"我想你们提出了一个非常好的金融服务方案"，就可以进一步促使他做出购买决策。

这种方法所采用的提问不是直接促成交易，却能够使客户经理知道如何去促成交易。比如，"请问影响达成协议的主要问题是什么？"给对方一个机会，说出未能达成交易的原因。

◎ 直接请求法

面对顾虑很多的客户，客户经理就需要讲究策略，步步为营。然而有的客户却十分直爽，这些客户也喜欢和爽快人打交道，这时客户经理就可以表现得谦虚一点，直接向客户提出请求。

直接请求成交是一种最简单也最常见的成交方法。比如，"汪老板，我一看就知道您很够哥们儿，我这个人大学毕业才一年多，刚参加银行工作不久，您这个项目就算是带我这个徒弟吧。"这种方法使用起来比较自然，也容易表述，不带丝毫勉强之意，会让客户觉得很舒服。

值得注意的是，客户经理在直接提出成交请求时，必须看准成交时机是否已经成熟，并注意自己的言辞和态度，从而加深客户的信任。

◎ 实证借鉴法

这种策略是指客户经理运用事实依据证明客户的异议不能成立，从而促使客户做出购买决策。当客户就某一问题提出异议时，如果客户经理能够证明该异议在客观上不可能存在，就能与目标客户成交了。

> 目标客户："你们网上银行系统的效果是否理想？"
> 客户经理："如果我能演示这种网上银行系统，而且确定能够达到您所追求的效果，您是否能马上做出签约决定？"
> 目标客户："是的，效果好就签。"
> 客户经理立即为客户进行演示，最终成功签订了合约。

这种策略的另外一种方式是向目标客户介绍一个没有竞争关系的已成交客户。人们会吸取别人失败的教训，同样也会学习别人成功的经验，现实的例子远比空泛的叙述更有说服力。

比如,"邓老板,某某公司的王总是您的好朋友,你们是东北老乡,他用了我们的网上银行,现在货款回流的速度很快,资金周转情况也非常好,而且他公司的财务管理越来越规范了,我们要不要一起到他的公司去看一看?"客户经理需要详细描述该客户的情况(不要泄露对方的商业秘密),以便使目标客户感到身临其境,具有参照和借鉴作用。

◎ 优惠诱导法

优惠诱导法就是同等产品用低于其他银行的价格销售,或者是同等价格的产品用优于别人的服务来吸引客户注意。

每个客户心里都有一杆秤,同等价格的两个商品,任何人都会选择质量优、服务好的那个。优惠诱导法就是利用了客户的这种心理来营销。比如,"我们的贷款报价是所有银行里最优惠的""我们的中间业务收费是非常优惠的"。

◎ 期限成交法

期限成交法也叫做激将法。银行家看中的是稳健,企业家看中的是投资机会,机会都是不等人的,客户经理就可以利用这一点来"激"客户成交。有些时候,对于某些客户适当地运用激将法,反而能激起对方的购买决心。比如,提醒对方你所做出的让步是很大的,达成协议是明智之举。

企业家考虑的核心问题不是贷款利率成本,而是瞬间即逝的投资机会。用机会成本来促成企业家成交,就可以达到很好的效果,这就是期限成交法的原理。

例如,客户经理在面临成交时可以这样说:"金老板,这1亿元的贷款，我建议您 7 月份赶快贷到账上，您的受托支付我们已经给您办好了，现在国家对金融宏观调控越来越严格，您再不到账，8 月份就不一定有资金了。"金老板是生意人，看重的是机会成本，而不是利率成本，因此很容易达成交易。

曲线助营销

古人云："忍一时风平浪静，退一步海阔天空。"在非原则性问题上，如果能以宽容之心对待他人之过，就能化干戈为玉帛。在市场营销中，客户经理应该学会在适当时机妥协让步，进行曲线营销。

◎ 曲线营销有原因

在营销中，银行客户经理总会遇到各种各样的问题，在双方争执不下时，如果客户经理适当妥协，就能拥有更广阔的天空。在数学中，两点之间直线最短，但是在营销中，往往直线上有重重阻隔，这时客户经理就要绕开直线上的阻碍进行曲线营销。

客户经理小李最近遇到了麻烦，他用半年时间，费了很多精力，还是没能把一家企业的存款营销到自己的银行。究其原因，主要是这家企业的财务处长已经和别的银行合作了很多年了，不愿意轻易更换合作对象。

小李始终没有放弃，他约见了这家企业的万董事长和财务处张处长共进晚餐，在饭桌上，小李当着董事长的面夸奖财务处长："董事长，您可真有眼光！挑选了这么能干的财务处长，张处长真是财务上的高手，是您的得力助手啊！"

财务处长看到小李当着董事长的面表扬他,将心比心,觉得自己确实不该拒人于千里之外。他私下对小李说:"小李,你放心,我一定会和董事长好好沟通,把机会留给你们。"

后来,小李和这家企业顺利达成了合作协议。

◎ 曲线营销讲策略

当营销陷入僵局时,客户经理就要灵活地进行曲线营销。

从容面对僵局,主动跨出一步

适当让步是商谈中很重要的一环,必须引起客户经理的重视。在交流陷入僵局时,客户经理要审时度势,巧妙运用各种有效的商谈技巧,使商谈打破僵局,达成双方都能接受的协议。

主动跨出一步是打破僵局最有效的技巧之一。在宏观方面,银行与客户是双赢的关系,在细节方面,银行客户经理要将客户奉为衣食父母。所以在僵局出现后,在双方都犹豫不决或沉默不语时,客户经理要主动跨出一步,努力争取以退为进,推动营销继续下去。

根据客户的意见,主动做出转变

当商谈陷入僵局,客户经理可以做出如下转变:主动改变协议类型,如做代理或部分合作;改变商谈方式,如变正式商谈为非正式商谈;改变商谈话题,消除商谈双方沟通的心理障碍;改变商谈时间表;等等。

主动给对方一个"下台阶"的机会

有时营销陷入的是假性僵局,可能是客户开始要求过高,虽然后来已经接受了银行的产品,但是推翻自己说过的话会很没面子。这时,目光敏锐的客户经理就要会动脑子,想办法给客户一个"台阶"下。比如,可以找客户的同学、老乡或朋友说句话,给客户一个改口的机会,还可以安排双方的最高层会晤或者更换商谈代表，僵局自然而然地就打破了。

适当让步

这是在商谈中最后阶段一步到位、让出全部可让之利的方法。运用这一策略时，在商谈初期就要做到寸步不让，向对方传递自己的坚定信念，关键时刻一步到位，语言干净利落，态度果断，呈现大将风度。

TIPS

◆ 目标导向法是指最终目标只有一个，但是达到目标的方法却有很多种。目标导向法适用于任何产品的销售。

◆ "二择一"法是巧妙利用人类微妙心理促成交易的方法。在面临成交时，客户经理要做营销的推动方，主动给客户提出两个建议，让客户进行选择，促使目标客户做出决定性的行动。

◆ 当营销陷入僵局时，客户经理就要灵活地进行曲线营销，适当让步是商谈中很重要的一环。在交流陷入僵局时，客户经理要审时度势，巧妙运用各种有效的商谈技巧，使商谈打破僵局，达成双方都能接受的协议。

第六章
力争双赢,快乐达成交易

第 28 课
走出成交误区——柳暗花明又一村

成交的误区与禁忌

促成交易阶段是客户经理既期待又怕受伤害的阶段。期待的是马上可以和客户签约了,惧怕的是遭受客户拒绝,一切努力会付之东流。顺利成交当然是一件快乐的事情,如果一不小心陷入一些误区或者触犯一些禁忌,往往就会造成谈判失败。

◎ 成交的误区

成交误区很多,下面主要介绍五种。

知彼不够

"知彼不够"是说客户经理对客户了解不够。对客户的了解分为两个阶段:一是正式商谈之前的案头或实地研究工作;二是正式商谈开始之后继续深入了解、掌握对方真实的意图。

了解的最佳途径是善于倾听和询问，但很多客户经理不愿意或忘记自己应该成为一个高水平的倾听者和提问者，唯恐自己说得太少而拼命说话，结果不但没有说服客户，还把很多重要的、不必告诉对方的信息暴露给对方。更为致命的是，忽略倾听就等于放弃了进一步了解客户的机会，也封闭了自己通向客户内心需求、愿望的通道，最终错失成交的良机。

其实做营销，只要还没有最终签约，客户都可能被其他银行抢走。营销前置、终端拦截，就是因为最后一刻到来之前，你的客户都有可能被其他银行营销成功，别人的客户也有被你营销成功的可能。营销成功与否就在于在成交之前客户经理是否做到知己知彼，这就是营销魅力所在。作为客户经理，一定要"知己知彼"，才能"百战不殆"。

和客户争吵

营销商谈，特别是在促成交易的最后关头，难免会遇到僵局，很多客户经理常常失去常态，与客户争论甚至争吵起来，这是一种错误的举动。要知道，成交是双方协调利益，最终达成一致的过程，争论只能让人失去理智，不利于商谈的顺利进行，并且使商谈偏离达成协议的最终目标。

客户经理要坚信客户永远是对的，即使客户错了，也没有必要去指责，买卖不成仁义在。比如，由于客户的信用不好，你不把贷款贷给他，也没有必要指责他的信用，万一他恼羞成怒了呢？万一你合作的客户中有他的朋友呢？万一将来你们还有机会合作呢？

节奏太快

善于控制营销进程是赢得成交的重要一环。做营销需要一个酝酿过程，无论是年轻人，还是有经验的前辈，都要沉住气，不能太浮躁，更不要妄想能一口吃成胖子。如果在双方合作关系不太密切的情况下，就急于达成协议，往往会欲速则不达。如果客户经理过快地把信息全部透露给对方，就等于打牌时把大牌、好牌迅速出完，到后来就没什么"王牌"可出了。

因此，客户经理在促成交易的过程中，一定要掌握好商谈节奏，一点点地把信息透露给对方，同时不断地套出对方的情报。

不肯退让

在当今的银行界，一个客户和多家银行合作是天经地义的事，没有一家银行可以包打天下。面对激烈竞争的局面，客户经理要有开放的心态，当与客户意见出现分歧的时候，不妨试试退而求其次。

比如，你想与客户签订全面合作协议，客户让你先做一个代理业务试试，那你就从代理业务做起，先进入再渗透，不要过于追求完美。

有些客户经理"宁为玉碎，不为瓦全"，总是坚持自己的意见，结果导致营销失败。其实，银行与客户是双赢的关系，银行要靠诚信来做大做强，只要与客户有接触机会，就有成功的可能。为了说服对方，打破僵局，不妨开拓思路另找对策。

失去自我

对于客户经理来说，在商谈中首先要做到守住自己的底线，千万不能失去自我。有些客户经理碰到经验老到又温文尔雅的商谈老手，在对方的引导下，就会糊里糊涂地接受对方的条件，事后才发现自己让步实在太多，不免顿生悔意。

另外，客户经理千万不要违背良心做营销，否则随时可能成为职业罪犯的犯罪工具。在中国的一部分金融市场上，出现了一种非常不好的现象——"金融掮客"。有些银行客户经理搞违规经营，在拿银行工资的同时，与社会上的不法中介勾结起来，把一些克隆票据和其他没有真实贸易背景的票据进行包装，做票据贴现，这是职业犯罪。客户经理务必提高警惕，时刻提醒自己，约束自己的行为。

◎ 成交的禁忌

优秀的客户经理非常重视商谈艺术,尤其是注意避免触犯商谈中的大忌,所以能够取得一次又一次成功。那么,营销商谈有哪些大忌呢?

打断别人谈话

商谈是彼此坐下来协商,双方都有权力和必要阐述自己的观点,提出可行性建议。因而当客户发表意见时,客户经理一定要耐心地倾听,千万不要随意打断对方谈话,否则很容易引起反感,造成商谈失败。

盯着对方的过失,攻击对方

有些客户经理习惯在商谈中指出客户曾经犯过的错误,试图削弱对方以赢得优势。殊不知,这是最愚蠢的行为。客户永远是对的,即使他过去有什么错,也是他自己的事,不需要客户经理来教训他。

大吼大叫,试图压倒对方

商谈需要好的氛围,大吼大叫容易使双方陷入紧张的状态,导致客户产生厌恶感,商谈就很难顺利进行下去。

说话太多

言多必失,一个知识面广、阅历丰富的商谈者在商谈中绝不会说太多的话,该说的说,不该说的绝不开口。

给客户面子,就是给自己面子

中国人非常讲面子,客户经理在与客户的交往中,一定要注意保全客户的面子。只有客户有面子,客户经理才会有面子。在营销中,即使交易成功了,但在交易的过程中让客户感觉丢了面子,客户经理也就没有下次营销的机会了。

◎ 保全客户的面子

对于天天和客户打交道的客户经理,要保全客户的面子,需要做到以下四点:

不故意与人为难

故意为难别人的人,处处想表示自己的与众不同。听了对方的陈述后,发现其中有一点与自己意见不同,便立刻提出异议。当客户发现自己的意见被全盘否定时,肯定大为光火。客户的愤怒情绪被激发出来,营销还做得下去吗?

不揭人短处

用不同的方式对待别人的短处,产生的效果是截然不同的。避免谈及他人的短处,容易与人建立起感情,形成融洽的交谈气氛;总是谈及他人的短处,最易伤及他人的自尊心,打击他人的积极性。

不用质问的口气讲话

用质问的口气讲话,容易给人带来被审讯的感觉,从而使客户产生抵触情绪。

为对方推卸责任

即使是客户错了,客户经理也要善意地为对方推卸责任,将责任归咎于第三方或者客观原因,保全客户的面子。

◎ 不要让客户产生反感

营销商谈一般都是双方面对面地进行,所以得体的言行举止非常重要。具体来说,营销商谈时言行举止有十戒(见表6-1)。犯戒,很容易让客户产生反感。

表6-1 营销商谈言行举止十戒

戒虚伪	虚情假意、言不由衷可能会给商谈带来灭顶之灾
戒露锋	过分炫耀自己、锋芒毕露会使自己不被客户接受
戒粗鲁	语言粗俗、缺乏教养的客户经理不会受到客户的尊重
戒庸俗	间歇或休会也是商谈的重要组成部分，如果在这期间大谈吃喝玩乐会给人以庸俗之感
戒流气	油腔滑调、流里流气会给人花花公子、不务正业或不干正事的印象
戒诽谤	对竞争者说长道短、无中生有、恶意中伤，不会有积极意义
戒轻率	轻易许诺、事后反悔只会造成轻诺寡信的消极后果
戒浮夸	把土堆说成大山，不会得到客户的信赖
戒啰唆	颠三倒四、啰里啰唆不应该是商谈语言的风格
戒牵强	在讲道理时生搬硬套、牵强附会，不会有说服力的

TIPS

◆ 做营销，只要还没有最终签约，客户都可能被其他银行抢走。营销前置、终端拦截，就是因为最后一刻到来之前，你的客户都有可能被其他银行营销成功，别人的客户也有被你营销成功的可能。营销成功与否就在于在成交之前客户经理是否做到知己知彼，这也是营销的魅力所在。作为客户经理，一定要"知己知彼"，才能"百战不殆"。

◆ 中国人非常讲面子，客户经理在与客户的交往中，一定要注意保全客户的面子。只有客户有面子，客户经理才会有面子。在营销中，即使交易成功了，但在过程中让客户感觉丢了面子，客户经理也就没有下次营销的机会了。

第六章
力争双赢,快乐达成交易

第 29 课
签订合作协议——口说无凭,立字为据

签订合作协议是锁定客户最好的方法。在银行营销中,客户的人事变动对银行是非常大的危机,因此客户经理不能只和客户君子协定、口头协议,而是要运用签订银企合作协议来巩固、发展银企关系。

协议的构成

◎ 主要内容

银企合作协议的主要内容由银企双方当事人约定,一般包括:双方当事人的名称、住所及法人代表;双方合作的主要内容;协议履行期限、地点和方式;双方的权利和责任;违约责任及解决争议的方法;等等。

◎ 基本结构

银企合作协议的结构形式表现为表格式和条文式。表格式是把某

项合同关系必然涉及、必须明确规定的内容，设计印刷成固定的表格样式，签订这项合同时只要按表格项目一一填写就行了。条文式是用文字叙述的形式，把双方协商一致的内容分条记载下来。

无论采用哪种表现形式，银企合作协议一般都包括以下四个部分：

标题

标题即协议的名称，标明合同的性质。

双方单位名称和地址

写明双方单位名称、地址和法人代表姓名。

正文

正文是协议的重要组成部分，包括双方签订合同的依据和目的、双方签订的合作内容、经济责任和违约责任、合同的有效期限、合同的份数和保存情况。未尽事宜可在补充条款中加以说明，其他附件可附在正文后，并注明件数。

落款

由法人单位具名盖章，代表人签名盖章，这是协议签订基本完成和协议开始生效的标志。重要的协议还应该通过当事人双方上级主管机关、合同签证机关或司法公证机关签证或公证，以便在合同发生纠纷时能得到妥善的处理。最后署上签订合同的日期。

撰写协议须谨慎

◎ 一字虽小值千金

银企合作协议的撰写是将银行与客户的商谈结果形成法律性文件的一项工作。撰写协议不仅在整个市场营销工作中具有举足轻重的作用，直接影响双方的既得利益，而且还将对双方的长期合作产生深远的影响。由于协议具有法律效力,可谓"一字虽小值千金",签订双方协议时,客户经理要加倍谨慎,对落实到纸上的文字进行认真推敲,做到全面、准确、合理合法,否则一时的疏忽就可能引发大问题。

客户经理小王平时比较粗心,有一次在签协议时出现了一个低级错误,让银行付出了高额的代价。

小王和客户达成协议的内容是授信15亿元,在签订协议的时候,小王在录入数字时少写了一个"0",结果变成了"1.5亿",无形中使银行缩减了13.5亿元的业绩。

◎ 签订协议的注意事项

签订协议可以维护合作双方的利益。为了协议的签订更加合法和有效,合作双方在撰写协议时应注意以下问题。

签约之前要严守秘密

在没有正式签约之前,双方一定要严守秘密,如果声张出去,一方面会造成客户的压力,另一方面可能给其他竞争者以可乘之机。

订立协议的当事人必须具有完全的缔约能力与合法资格

如与公司客户签订贷款协议,公司客户必须具有法人资格;与个人客户签订金融理财协议,个人客户必须是完全民事行为能力人。

双方共同参与撰写协议的过程

一方独揽的协议最容易发生争议。

语言要规范、准确、严谨、具体

标的名称、规格要明确,标的的数量要准确,计量单位要清楚,质量标准要具体,价款总额要大写,违约情况要预料到。

须用钢笔或毛笔签订

协议文本不得涂改,确需变动时,须经双方同意,改动的地方要盖章。

重要协议要由律师参与起草

银行起草重要协议,银行律师要从以下几方面把关:协议或合同选用是否正确、在合同中落实贷款审批文件所规定限制性条件是否准确完备、格式合同中的补充条款是否符合规定、主从合同及凭证等附件是否齐全且相互之间是否衔接、合同的规定是否符合规范要求、一式多份合同的形式和内容是否一致等。

签约双方都要认真审核协议

协议撰写完毕之后不能立即签署,必须对协议的合法性、有效性、一致性和文字进行严格审核。审核发现问题时应立即提出,若为纯文字性、非原则性问题,可直接修改,如果对方故意将意思弄错,应耐心、友善地再协商,直到双方意见完全一致,方可签字。

银企全面合作协议书

甲方:

法定代表人:

地址:

邮编:

乙方:

法定代表人:

地址:

邮编:

甲、乙双方在遵守国家有关法律、法规的前提下,自愿结成战略合作伙伴关系。经双方友好协商，在开展深度合作、实现共同发展等方面达成了共识，达成如下合作协议：

一、合作的目的和原则

第一条 甲、乙双方本着"平等、诚实、信用"的原则，发挥各自的优势，为双方开展全方位的业务合作创造条件，逐步实现互惠互利、共同发展。

一、合作内容

第二条 融资方面合作

乙方向××公司提供××亿元人民币统一授信额度，具体额度的使用、权利和义务以双方正式签订的最高授信合同额度为准。

第三条 投资银行方面的合作

乙方愿以最佳的投资银行团队为甲方提供全方位的投资银行服务。

第四条 国际结算方面的合作

乙方愿以优惠的汇率和费率，对甲方进口、购汇而产生的国际业务予以支持。

第五条 结算服务方面合作

乙方统一组织下属分支机构为甲方及其所属子、分公司提供包括开户、资金划拨、资金清算等诸方面的安全、快捷、方便、优质的服务。

第六条 员工个人金融方面合作

乙方愿为甲方员工提供企业年金、代发工资、住房贷款、金融理财等各类个人金融服务。

第七条 甲方将积极促成××有限责任公司与××银行开

展业务合作，合作协议另定。

第八条 对于甲方的各类业务往来单位，经甲方推荐，乙方给予积极的信贷支持。

三、双方的权利和义务

第九条 争议处理

1. 本协议履行期间所发生的一切争议，依据法律、法规和相关政策的有关规定协商解决。

2. 有关协议的任何疑问，双方应本着"互谅互让、诚信务实"的原则，共同协商解决。

第十条 保密原则

甲、乙双方及其代表提供给对方的所有文件（包括但不限于：纸制文件及其他介质文件）和资料都属机密，双方均应妥善保管，非经对方同意，不得向第三方披露。

第十一条 协议的修改

本协议执行中如与有关政策、法律、法规和有关制度不相符，甲乙双方应按规定修改本协议。

四、附则

第十二条 本协议为双方进行业务合作的框架性协议，协议生效后，具体业务由甲方委托××总公司财务部办理，乙方委托××银行××分行办理。

第十三条 本协议经甲、乙双方法定代表人或授权代理人签字盖章后生效。双方未明确终止本协议，则本协议自动延续有效。

第十四条 本协议一式四份，甲、乙双方各执两份。

甲方（盖章）：　　　　　　　　乙方（盖章）：

法定代表人： 法定代表人：
（或授权代理人） （或授权代理人）
日期：年　月　日 日期：年　月　日
签约地点：

TIPS

◆ 在银行营销中，客户的人事变动对银行是非常大的危机，因此客户经理不能只和客户君子协定、口头协议，而是要运用签订协议来巩固、发展银企关系。

◆ 银企合作协议是将银行与客户的商谈结果形成法律性文件，在整个市场营销工作中具有举足轻重的作用，直接影响双方的既得利益，还将对双方的长期合作产生深远的影响。由于协议具有法律效力，客户经理一定要加倍谨慎。

第七章
服务无止境,重视客户维护

市场营销是一个不息的循环,促成交易、签约合作并不意味着市场营销工作的结束,恰恰相反,这是营销循环中又一个重要环节——售后服务的开始。每一个客户都要经过营销、维护、再营销、再维护的过程。

维护老客户有三个作用:首先,有助于培养忠诚客户,深度开发市场;其次,有助于取得竞争优势,提升银行形象;最后,有助于创立特色品牌,提高经营绩效。

第 30 课
客户维护内容——超出客户的期望

物超所值是商家最大的卖点。客户买下产品后,交易便完成了,这时做好后期维护,会让客户感觉物超所值。银行也是商家,卖的也是产品和服务,所以银行客户经理要以客户为中心,站在客户的角度,做好售后维护。

总的来说,客户维护的内容主要包括两个方面:产品(服务)跟进维护和关系维护。

产品(服务)跟进维护

客户经理与客户签订了协议之后,就要尽快履行协议。在此之后,银行还会陆续开发新的产品和服务,虽然在此前的协议中并没有包含这些,客户经理也应该主动去送给客户,让客户感受到银行每时每刻的关心。这就是产品(服务)跟进维护。

产品跟进服务是保证客户满意的重要机制,是客户维护的关键举措,它包括对客户履行产品（服务）的承诺、推介新的金融产品（服务）、提供超值服务三个方面。

◎ **履行产品（服务）承诺**

为保证银行承诺的产品（服务）履行到位，客户经理应充当连接客户与银行的桥梁，严格按照银企合作协议检查履行情况。对外及时了解客户对产品（服务）使用情况的意见，对内及时向客户部门和产品专家进行反馈，为双方沟通信息。

在每次产品（服务）跟进活动后，客户经理要尽快更新原有的客户记录，完成访客报告，做好银行内部各有关职能部门的协调工作，并及时将银行采取的改进措施等有关情况反馈给客户，以维护银行与客户关系健康、稳定地发展。一旦出现问题,客户经理应立即协调解决。

◎ **推介新开发产品**

银行要不断向现有客户提供新开发的产品和服务，扩大产品线，延长价值链。作为一种营销策略，扩大产品销售、扩展服务功能的明显优势，在于它能够减少客户寻求其他金融机构服务的需求，排斥竞争者，培养客户对银行的忠诚。

银行可通过开发能提高业务一体化和客户便利程度的产品来扩大同客户的合作范围。为帮助客户扩大销售，银行应该提供自动化信息查询系统，帮助他们获得有关信息。客户经理也应该了解每件新产品的性能、使用方法，了解哪些新产品适用于哪些客户。

未来的金融产品和服务想在竞争中取胜，必须具有四大要素：一是高品质；二是独特性，或者说能满足客户的特殊需求；三是速度快，能以比竞争对手更快的速度生产与配送世界级产品的银行在未来将拥有独特的竞争优势；四是全方位，能满足客户同类服务的各种需求。客户导向战略就是围绕这四个方面展开的。

◎ **提供超值服务**

在产品（服务）跟进维护中，客户经理一定要提供超值服务来赢得客户。所谓"超值服务"是指客户经理从参与市场竞争、赢得客户的角度出发，以自觉的行动、情感的力量、精神的感召、智力的支持、信息的传递、科技的手段为客户提供金融服务，超出客户对金融服务需求的心理预期，超出服务本身价值的一种具有浓厚人情味的，给客户带来满足感，给银行带来高效率、高效益的服务方式。

超值服务的作用形式包括：追求超常规服务的极限，使客户能够体验到银行深蕴的文化品位；服务内容超出了常规金融服务的范围，使客户感受到从服务中得到的利益超值；提供高科技、现代化、多功能的现代银行服务。

> 经过团队营销，H行以第一名的成绩成功中标FD集团美元外汇资本金账户，并与FD集团签署了银企全面合作协议。FD集团资金宽裕，不需要银行贷款，传统的一般银行结算、存款业务，与其合作的其他几家银行也都能提供。如何维护、巩固与这个新客户的合作关系，成为考验H行营销团队竞争力的重大课题。他们经过认真的市场与客户需求调研分析，决定采用价值营销的新型营销维护方式，以客户最需要的新产品——汽车金融服务网络为切入口，让客户体验银行物超所值的产品与服务，深化与这个战略客户的战略合作关系。
>
> 纵向推进，扩大产业价值链。中国汽车市场的巨大潜力为汽

第七章
服务无止境,重视客户维护

车金融业务提供了无限商机,但FD集团公司本身经营效益良好,对生产性资金需求量不大,如何依托汽车产业经济的关联,推进金融的关联,做大汽车金融业务这块"蛋糕"?从汽车的销售、零部件供应和消费环节入手,实施前向延伸和后向延伸,扩大产业价值链,提高汽车产业的综合价值回报,就成为H行的首选。

向汽车经销商延伸。汽车金融网络业务的成功推出,为H行向汽车经销商延伸创造了一个有效的切入口。H行在金融同业中率先与FD集团公司推出了汽车金融服务网络业务。目前已发展成为一个全国性的网络。××年,H行共向FD集团公司网络经销商,净投放贷款××亿元,签发银行承兑汇票××亿元,办理资金归集业务××亿元,吸收存款达××亿元。

向零部件供应商延伸。经过多年的努力,FD集团公司已构建了一批比较稳定的零部件生产供应企业,并且大都资质良好,效益较佳,为此H行在对这些客户进行市场细分和评估的基础上,也加大了营销力度。到××年止,H行向FD集团公司的零部件供应商授信××亿元,企业用信××亿元,其中贷款××亿元,签发承兑汇票××亿元,吸收存款××亿元,综合效益明显,延伸了H行汽车产业价值链。

向消费者延伸。通过主办汽车金融服务网络,争取一批汽车消费用户,发展汽车消费信贷业务。到××年年底,H行汽车消费贷款达××亿元,比××年增加××亿元。

横向渗透,扩大客户价值链。××年以来,FD集团公司对外进行一系列的合资合作和重组,现已发展成为以××有限等为核心,由××汽车投资公司统一控股管理的经营格局。H行与FD集团的全面合作协议签订后,特别是汽车金融服务网络业务实施后，营销团队抓住有利时机，加大对FD集团关联客户与中下游客户的渗透营销力度，向FD集团公司统一授信××亿元，企业用信××亿元；向其子公司××公司统一授信××亿元，目前企业已用信××亿元；向其子公司××公司统一授信××亿元，目前企业已用信××亿元；向合资公司××公司统一授信××亿元，目前企业已用信××亿元。H行G市分行也突破了汽车板块的营销，年初向××汽车产业园授信××亿元，主要用于FD集团在G市的关联企业。截至××年年底，H行共向FD集团、关联企业及上中下游企业统一授信××亿元，目前已用信××亿元，吸收存款达××亿元。

立体整合，扩大产品价值链。结合汽车生产企业及配套企业不同时期的经营特点和需求，通过不断推出和导入新产品，立体整合银行产品和服务，加强产品服务跟进，使H行的汽车金融业务逐步发展成为传统产品和新产品结合、专项产品和综合性产品配套、共性产品与个性产品相链接的多品种、多层次的产品服务格局。目前H行在巩固扩大传统的存、贷、汇业务品种的基础上，已相继推出了外汇贷款、汽车消费贷款、汽车金融服务网络、贴现、信用证、保函、银行联名卡、网上银行、投资银行、企业年金服务等新产品，并且这些高附加值产品的使用频率越来越高，产品价值链产生的效应不断放大。

关系维护

关系维护是客户维护非常重要的组成部分，主要包括客户关系维护和银行债权关系维护两个方面。

第七章
服务无止境,重视客户维护

◎ **客户关系维护**

银行与客户的关系是银行赖以生存和发展的基础。银行与客户签订合作协议以后,决不能撒手不管,要认真履行协议,这样建立起来的客户关系就会变成银行与客户之间长期稳定的合作关系。因此,客户经理必须通过契约、账户、情感等方面巩固和发展与客户之间的关系,从而实现关系价值最大化。

契约关系维护

银行与客户之间的契约关系通常是经当事双方充分协商、达成一致后,形成书面记录,经双方签字盖章后形成的。契约形式不定,包括凭证、合同、协议、联合文件等。这种书面契约一经形成就受到法律保护,任何一方不履行,就要承担法律责任和违约责任。在银行与客户之间,为了防止某一方口头承诺却不履行、人事变动使合作受到影响,签订契约固然必要,完善契约就更为必要。

对已签有资产业务服务契约的现有客户可按业务合作领域的发展进行完善,除签订借款合同或进行单项合作、签订单项协议外,还可按需要就资金融通、清算、代理保险、代发工资、银行卡使用等各项金融产品的使用和服务签订全面合作协议,或以联合文件印发辖内机构执行。

账户关系维护

账户维护是银行最基本的关系维护,是银行最基础的维护工作。一个客户在银行从开户到销户或者恢复开户的轨迹,通常反映了银行与客户之间的关系从建立到终止或者再建立的过程。透过账户运行状况,既可以看出银企之间是何种契约关系,又可以看出银企之间关系的紧密程度与合作领域的幅度。账户是客户资金的晴雨表。伴随着开户、结算,银行与客户之间的关系就已经建立并不断变化。所以,客户经理必须加强账户维护，以巩固和提升银企之间的关系。

情感关系维护

客户经理在寻找客户、约见客户、与客户商谈及签约、为客户提供售后服务的全过程中，要全心全意为客户着想，以此来获得客户的认同与亲近，与客户建立良好的个人感情关系。

家家有本难念的经，客户生活中有困难时，客户经理就要伸出援手，这是维护客户关系的最佳时机。比如，客户的孩子大学毕业后找工作有困难，如果银行有招聘员工的指标，客户经理就可以提醒客户的孩子参加面试。虽然客户的孩子不一定会被录取，但是客户会记住你提供的机会。这就是客户关系维护。

◎ 银行债权关系维护

强化银行贷款债权维护，确保银行风险最低化，是客户维护工作的一个重要方面。"安全第一"应成为客户经理的座右铭。在现实状况中，从外部看，一些单位出于自身利益的考虑，借破产、兼并、租赁、拍卖、重组、分立、承包、合资之名，采取"新老划断""金蝉脱壳"和"假破产、真逃债"等手段，侵蚀银行贷款债券；从银行内部看，一些客户经理或业务经办人员由于自身不规范的操作，使得承债主体资格和担保手续无效，诉讼时效中断，造成不必要的损失。因此，银行客户经理必须按照国家有关法规和银行信贷制度的规定，采取有效措施维护银行债权关系，维护银行自身的权益。

确保银行债权的完整性、合法性和时效性

客户经理要确保银行债券的完整性、合法性和时效性，如对实行兼并、合并的企业，银行要坚持"谁兼并，谁承担债务"的原则，债务随着资产走，被兼并和被合并企业的债务由兼并企业或合并企业承担,并重新签订借款合同。对实行整体股份制和股份合作制改造的企业,银行要积极参与企业的资产评估,要与改造后的企业重新签订借款合同,对实行部分股份制改造的企业,改造后的企业要按占用原借款企业资本金或资产的比例承担债务,并重新签订借款合同。对分立、整体对外合资、出售或解散、濒临破产等方式的客户也要采取相应的措施。

确保客户主体资格的合法性

银行的主要客户是企业,企业是以营利为目的,向社会提供产品和服务的经济组织。具有法人资格的企业才是银行信贷营销对象。法人是指基于法律的规定享有权利能力和行为能力,具有独立的财产和经费,独立承担民事义务和民事责任的社会组织。

企业法人的营业执照、税务登记证、贷款证、外商投资企业证书、承建资格证书、安全资质证、经营许可证、公司章程等是证明企业身份、经营合法性的基础资料,也是银行信贷客户主体资格的重要资料,银行客户经理一定要对其进行验证,看其是否完整、清楚、有效。

TIPS

◆ 物超所值是商家最大的卖点,交易完成后,做好后期维护,会让客户感觉物超所值。银行也是商家,卖的也是产品和服务,所以银行客户经理要以客户为中心,站在客户的角度,做好售后维护。

◆ 所谓"超值服务"是指客户经理从参与市场竞争、赢得客户角度出发,以自觉的行动、情感的力量、精神的感召、智力的支持、信息的传递、科技的手段为客户提供金融服务,超出了客户对金融服务需求的心理预期,超出了服务本身价值的一种具有浓厚人情味的，给客户带来满足感，给银行带来高效率、高效益的服务方式。

◆ 银行与客户的关系是银行赖以生存和发展的基础。银行与客户签订合作协议以后，要认真履行协议，客户经理还要通过契约、账户、情感等方面巩固和发展与客户之间的关系，从而实现关系价值最大化。

第 31 课
客户维护方式——与客户一同成长

客户经理就是客户的经理,没有客户就没有客户经理。银行一定要把所有的客户(包括新客户和老客户)分配给所有的客户经理来维护,这就叫作"人户合一"。维护客户的方式有很多,客户经理要灵活运用。

维护客户基本方式

◎ 客户维护责任制

客户维护的基本方式是将所有客户(纯存款法人客户和达到一定规模的个人客户)分配给客户经理进行开发和维护,逐一落实管户责任,不留一户空白。

客户维护责任制有三种模式:一人多户(一个客户经理分管多个客户);一人一户(人户合一);多人一户,即对大型优质客户特别是信贷客户,则实行双线维护制(配备一名高级客户经理和一名客户经理)、多重维护制（总行、省分行、二级分行、支行均配备管护客户经理）和客户维护小组维护制（建立由客户经理和产品经理参加的客户服务小组，为大型客户提供综合服务）。

客户维护责任制的关键在于责任，客户经理和客户服务小组要承担客户维护责任，履行本职职责。首先，要坚持权责利相统一的原则。客户经理按权限分别对现有客户行使客户维护权力，并承担相匹配的责任，同时根据客户维护任务完成情况，将其与客户经理的物质利益挂钩。其次，要全面实行责任追究制度。因客户经理管理不力、风险预警不及时、银企关系处理不当、信贷资金跟踪管理不到位等原因，而人为地造成贷款劣变、债务悬空、优良客户流失、贷款和利息不能按期偿付的，要追究客户经理责任。最后，要全面建立管户责任移交制。客户经理发生工作变动时，要对客户的信用等级、贷款形态、付息状态、风险状况等进行严格认定，认真办好责任移交手续，界定管户责任。

◎ 亲自上门拜访

俗话说"远亲不如近邻"，邻居之间经常上门拜访、沟通交流，感情会比不经常见面的亲戚还要好。走动管理是搞好人际关系的重要手段，客户经理不能在地理上成为客户的近邻，但可以经常上门拜访，成为客户心灵上的近邻。

◎ 社交性联系

如果等到客户销户时再与他联系，就错失了最佳的维护时机，这就要求客户经理从接触客户开始便与客户保持不间断的社交性联系，不断地了解客户的需要，研究客户的新愿望，向客户表示感谢，表示友谊，同客户建立信任关系。与客户进行社交性联系，既是留住客户的良方妙法，还能让客户介绍新客户。

客户经理与客户增进友谊的方式很多，比如：

日常情感关怀

客户经理要将客户维护的功夫下在日常生活中。比如，在重要的节日、客户的生日、客户的重要纪念日时送去问候；收集非金融类客户感兴趣的信息（如餐饮信息、娱乐信息）；和客户聊一些共同话题，如宠物、子女教育；定期（或不定期）征求客户的意见；定期回访客户或邀请客户到银行来坐坐；等等。

发送个性短信

客户经理在节假日给客户发送祝福短信时，不要发送从网上下载的短信模板，对客户来说这些都是重复、没有创意、没有情感、冷冰冰的文字堆积。客户经理要发送内容来自原创的祝福信息，即使文字很朴实，里面包含的却是你发自内心的祝福。这样的信息跳出短信模板之外，会给客户带来不一样的温暖。

及时电话回访

现在人们之间的短信联系很普遍，但是有时打个电话，给客户的感觉就会不一样。原一平，日本的营销大师，身高只有1.45米，但是他连续15年蝉联日本的营销状元，被称为"推销之神"，他推销成功的秘诀之一就是他磁性的男中音。客户经理在电话里的笑声可以感染客户，这是无声短信无法达到的效果。

密切信函沟通

客户经理要与客户保持密切的信函联络。比如，在传统节日和其他特殊日子里，给客户发一封问候信；听说客户的孩子高考成绩很好，给客户发一封祝贺信；举行沙龙等活动时，给客户发送邀请函；和客户签约成功后发送一封感谢信，未成交时也要发送感谢信，虽然交易没有成功，客户看到感谢信就会产生歉意，下次你再去营销产品时就是客户的首选；客户抱怨用银行的理财产品之后业绩亏损了，客户经理不能把责任一推了之，要代表银行慎重地给客户写一封致歉信。

还有一种特殊的信函——贺卡。在 21 世纪，邮寄信件和卡片都是很老套的行为，但有时却可以出其不意地带给客户温馨。如果客户在自己的生日、结婚纪念日、升官纪念日里收到来自银行的贺卡，他一定会记忆深刻。

举办联谊活动

客户经理可以时常举办一些活动，比如投资沙龙、美容沙龙、鉴赏沙龙、国宝古董收藏欣赏、宴会、酒会、短途旅行团、观看世博会、理财知识类讲座、行情分析类讲座等，邀请客户参加。

客户经理还可以建立一个贵宾客户俱乐部。在这个俱乐部中，客户经理可以有理由经常组织活动，为客户提供交流的平台。俱乐部中的成员可以来自不同行业、不同地区，但是物以类聚，人以群分，组织一项活动时，要注意邀请同类型的客户参加。

◎ 产品售后跟踪

有些客户对银行不满意，因为购买商品前后客户经理的态度完全不同。营销始于签约之后，客户经理一定要关注产品售后跟踪的细节。

比较典型的细节有：账户到期提醒、逾期提醒，包括存款到期、信用卡还款、贷款到期等；账户收益提醒，包括提醒客户他现在投资资产的净值是多少、收益率是多少，现在能不能平仓、能不能减仓，等等；账户异动信号提醒，包括基金净值异动、分红等；账户止盈止损提醒；定期财富诊断，包括提醒客户所购买产品的相关市场和服务信息的变化、对客户已购买的产品组合定期进行分析与回顾、对已提供给客户的资产配置及理财规划建议进行跟踪与修正;提供客户感兴趣的其他产品和资讯;等等。

◎ **完善客户信息**

客户经理需要定期对客户维护计划的执行进度和执行效果进行检查和评估,并根据情况及时对计划进行调整。在客户维护计划执行结束后,客户经理要抓住每次跟客户联系和沟通的机会,不断收集客户信息,将客户信息档案完善。

◎ **客户价值提升**

客户维护的最终目的就是实现客户价值提升。客户价值是指客户对银行经营效益、业务发展和社会形象等方面的综合贡献。想要提升客户价值,就必须对客户价值进行分析,通过对客户价值分析采取不同的维护政策。

重复营销

当银行有新产品推出时,客户经理应该首选曾经购买过同系列产品的客户,对其进行推介。因为此类客户有过这方面的需求,并且对这种产品已经有一定了解,接受程度会比陌生客户高。但做重复营销有一个很重要的前提条件,就是客户对曾购买过的同类产品或享受过的同类服务没有产生强烈的不满或反感,否则只会适得其反。

交叉营销

对于已经与银行有过业务往来的客户,客户经理可以通过已有的交易,找到能满足类似或相关需求的其他金融产品,进行交叉销售;或者针对与客户交流过程中发现的其他需求,找出更多相关产品进行交叉销售。

升级营销

有一些客户能为银行创造更高的价值,客户经理可以向他们销售级别更高的产品或服务,为客户升级。比如,向存款客户推荐理财产品,向贷款客户推荐综合授信,向普通贵宾卡客户推荐钻石卡,向贷记卡客户推荐贵宾卡,等等。

七步处理客户投诉

金无足赤,人无完人,银行的产品会有瑕疵,客户经理的服务也会有不足,此外,有时银行也会遇到一些突发事件,如网络系统故障、客户丢失钱物等,这些都有可能引起客户的抱怨或投诉。

客户的抱怨或投诉可以转化为发展业务的机会。正确地对待和处理客户的抱怨或投诉有助于建立客户的忠诚,因此客户经理必须以积极的态度妥善地处理客户的投诉,真正为客户解决难题。

具体来说,应对客户的抱怨或者投诉应按照以下七个步骤处理(如图7-1所示):

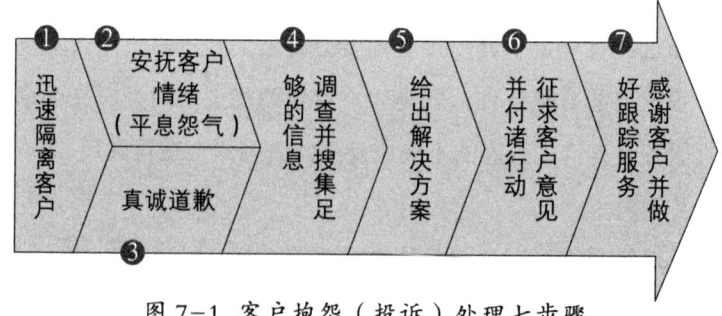

图7-1 客户抱怨(投诉)处理七步骤

第七章
服务无止境,重视客户维护

◎ 迅速隔离客户

遇到客户投诉,客户经理应当立即受理,不能推诿,并迅速隔离客户,不要在网点营业大厅等公众场合与客户争吵,将不良影响降至最低。

◎ 安抚客户情绪

先处理心情,后处理事情

遇到客户投诉,客户经理要先处理好自己的心情,用平静的心情来处理客户的投诉,不要冲撞客户。客户经理要告诉自己:客户的抱怨不是针对我的为人,而是针对我的产品和服务,所以我要保持冷静,我的情绪不能受他影响。

耐心倾听客户的抱怨

客户经理要有耐心地倾听客户的倾诉,并做好笔记,不要打断客户的话,更不要与客户争辩。人在情绪激动的情况下都是不理智的,无论双方如何争论,都可能是口不择言,对解决问题毫无益处。

面对客户的投诉,客户经理的首要任务就是安抚客户的情绪,消除客户的怨气,永远不要与客户争吵。客户经理还要有团队意识,不要计较个人得失,即使是同事工作的失误,也要及时道歉,耐心处理客户的投诉,做客户的出气筒。

◎ 真诚道歉

要尊重客户,对客户的抱怨或者投诉表示理解,立即真诚地表示歉意,以求得客户谅解。客户经理要有同理心,要站在客户的立场上思考问题。客户在银行进行投资的财产亏损了,银行不能推卸责任,而应站在客户的立场上,为客户分忧解难。

比如,客户购买银行的产品之后亏损了,合约规定的是客户自己承担风险，但是将心比心，客户经理还是应该道歉："不好意思，我们这个产品让您亏本了，主要是我们有三个不足：第一，我们对这个产品的风险估计不足；第二，我们对国际市场的变化估计不足；第三，我们的心理准备也不足。"听到这样的话，客户的心里会好受一些，情绪也能慢慢缓和下来，银行和客户经理本人也并没有因此而损失什么。这样一举两得的事情，何乐为而不为？

◎ 调查并搜集足够的信息

听完客户的申诉之后，客户经理不能轻易下结论，一定要从何人、何事、何时、何地、何因等方面搜集足够的信息，调查清楚让客户受委屈的原因，研究解决问题的对策。

◎ 给出解决方案

客户经理要郑重对待客户的每一项投诉和抱怨，对于客户提出的每一项要求都应当迅速地予以解决，千万不要流露出心不甘、情不愿的神色。要勇于面对自己的失误，欢迎客户的投诉。了解到自身不足之后，最主要的是要想出解决方案，在改正中完善自己，以诚恳的态度向客户解释清楚，以期取得客户的认可。

银行一定要实行首问负责制，每个员工接待客户投诉时都要有"我就是第一责任人，我要控制局面"的理念，不能对客户说"等主任来""等行长来"，就什么都不管了，这样只会让客户的抱怨和投诉升级。

在上面的例子中，客户经理可以这样说："我建议你现在赎回来，还能保一点资金，以防过几年银行有些产品还要亏本。我这里有一些新的保本产品，给您介绍一下，您放心，不会再让您出现损失了。"

◎ 征求客户意见并付诸行动

要将处理抱怨或投诉的结果及时通知客户，而且应当主动答复，不要让客户来追问。即使有些抱怨或投诉无法做出满意的答复，也应及时、如实地告诉客户，并详细说明原因。行动是平息客户怒气的最佳灭火器，客户来投诉就是想得到一个结果，这是应对客户投诉的关键一步。

◎ 感谢客户并做好后续服务

最后客户经理要再次向客户表示歉意，并表达银行改进服务的决心。比如："感谢您对我们工作的理解，欢迎下次再来。"

TIPS

◆ 走动管理是搞好人际关系的重要手段。俗话说"远亲不如近邻"，客户经理不能在地理上成为客户的近邻，但可以经常上门拜访，成为客户心灵上的近邻。

◆ 客户维护的最终目的就是实现客户价值提升。客户价值是指客户对银行经营效益、业务发展和社会形象等方面的综合贡献。想要提升客户价值，就必须对客户价值进行分析，通过对客户价值分类采取不同的维护政策。

◆ 不要惧怕客户的抱怨和投诉。只要处理得当，甚至可以将客户的抱怨和投诉转化为发展业务的机会，有助于建立客户的忠诚。客户经理必须以积极的态度妥善地处理客户的投诉，真正为客户解决难题。

第 32 课
重点客户维护——营销中的"2∶8定律"

营销活动中贯穿着"2∶8定律"。对银行来说,80%的业绩掌握在20%的高级客户经理手中,其余80%的普通客户经理仅占有20%的业绩;对客户经理来说,只有20%的客户是最有价值的客户,其他客户都属于一般客户,银行利润总额的80%是由20%的客户提供的。

"2∶8定律"在银行

身为商业银行的客户经理,想要成为那20%的人,就必须在营销工作中正确使用"2∶8定律"。

◎只有付出80%的努力,才能有20%的业绩

努力与智慧地工作是营销的灵魂。80%的努力与智慧地工作,才能有20%的营销成果。对于客户经理来说,需要在营销生涯中花80%的精力得到20%的业绩,绝不能希望用20%的精力得到80%的辉煌。

第七章
服务无止境，重视客户维护

◎ 在金融市场中只有 20% 的客户接受营销

对于客户经理来说，真正能够成为客户、接受营销的人只有 20%，但这些人会影响其余 80% 的客户，而且 80% 的营销业务量都是由这 20% 的客户实现的。如果失去这 20% 的长期客户，客户经理将会丧失 80% 的市场。要想在激烈的市场竞争中营销并锁定这些客户，不仅要靠优质的产品，还要靠一流的售后服务。

◎ 80% 的时间用耳朵去倾听，20% 的时间用嘴巴去说服

市场营销的一个重要秘诀就是用 80% 的时间静心倾听客户的话，用 20% 的时间去说服客户。如果客户经理只用嘴巴说，不用耳朵听，营销成功的希望就很渺小。

◎ 第一印象 80% 来自仪表

客户经理没有第二次机会在客户面前改变他对自己的第一印象。这就要求客户经理首先要用 20% 的时间修饰一番再出门，其次在客户面前花 80% 的时间去努力微笑。

◎ 在营销中 80% 将是被拒绝，20% 才是成功营销

营销是从被客户拒绝开始的。在客户经理的营销实践中，80% 将被拒绝，只有 20% 是成功的。在新入行的客户经理中，80% 的人会因四处碰壁知难而退，留下来的 20% 的人将成为金融营销精英，为银行带来 80% 的效益。

重点客户维护

在中国，1%的家庭拥有40%的财富；银行网点中，4%的贵宾客户拥有60%的存款；银行界中，10%的客户贡献超过85%～90%的存款。很明显，中国银行界也符合"2:8定律"。如果客户经理不抓重点客户而去盲目营销，业绩是提不上来的。所以，客户经理要把对重点客户的维护，即把建立可获利的重点客户关系作为维护客户的重中之重。

◎ 维护重点客户的好处

重点客户维护就是客户经理有计划、有步骤地开发和培育那些对银行的生存和发展、对自己营销业绩具有重要战略意义的客户。重点客户是银行的赢利支柱、形象代表和口碑效应。维护重点客户的好处很多。

有助于提高重点客户对银行的忠诚度，锁定高赢利性核心客户

重点客户得到客户经理的关照，就会更加愿意与银行打交道，由此促进银行与客户建立起"双赢"或"多赢"的战略联盟关系。

有助于营销新的金融产品，提升营销业绩

重点客户的数量少、贡献量大，客户经理在维护重点客户时花费的时间和精力比较集中、目标明确，单位时间内取得的成效更大。

有助于保护在重点客户身上的投资

客户经理与重点客户建立了牢固的友谊，就可以有效地阻止竞争者进入，从而保证对这些客户的投资不会付诸东流。

有助于促进银行与重点客户之间建立"拉链式"的紧密合作关系

银行和客户经理高度重视对重点客户的维护，可以使双方从高层人员到经办人员都保持密切联系，建立起全方位的合作关系。

◎ 维护重点客户的方法

维护重点客户可以请行长、总经理出面帮忙。在此之前客户经理要搞好内部营销，使银行内部人员团结一心。比如，贷款规模紧张的时候，客户经理想要留住重点客户的贷款，就需要去和信贷管理部门和行长汇报这个客户的重要性，与领导达成一致意见，才能在宏观调控的时候帮助其渡过难关。

具体来说，客户经理可以用以下方法维护重点客户：

认真了解

在对重点客户进行维护之前，要对客户进行细致而认真的了解，比如客户的市场和顾客、客户在行业中的地位及发展趋势、客户的产品生命周期等，做到心中有数。

明确方向

要有明确的目的，知道自己要把客户引向何处，是深化关系，还是维持关系，或是准备退出？还要知道能从客户那里获得多少回报。

制订计划

如何维护客户和维护重点客户、怎样满足重点客户的现有需求、如何激发重点客户的潜在需求、怎样向重点客户推介新产品等都要写进计划中，并严格实施。

确定投资

重点客户维护实质上就是一种投资管理。客户经理对重点客户的投资包括时间和费用资源两个方面。比如，根据客户的关系价值、潜力大小和对银行及客户经理的重要性，对投入时间和投入资源进行有效分配和管理。

协调和沟通

客户经理要努力做好对行内的营销工作，取得银行的支持，确保大家的行动能起到互相补充、团结一致的作用。另外，还要注意保证银行与客户之间信息的沟通，确保自己和银行能够得到足够的信息，对客户做出正确的评价并采取适当行动。

调动和利用资源

在需要对客户机会或问题做出反应时，设法调动起银行中的资源，然后进行高效的利用，满足客户的需求。

关心和留意

保持自己对客户关系状况的了解，并积极关心客户的满意程度，不断了解客户需要什么，解决客户的主要问题。

衡量和评估

客户经理要评估银行对客户所做投资的回报，满足银行内部希望得到高额投资回报的需求，对维护工作进行全面评估，总结经验、教训。

TIPS

◆ 对银行来说，80%的业绩掌握在20%的高级客户经理手中，其余80%的普通客户经理仅占有20%的业绩；对客户经理来说，只有20%的客户是最有价值的客户，其他客户都属于一般客户，银行的利润总额的80%是由20%的客户提供的。

◆ 重点客户维护就是客户经理有计划、有步骤地开发和培育那些对银行的生存和发展、对自己营销业绩具有重要战略意义的客户。重点客户是银行的赢利支柱、形象代表和口碑效应。

第八章
永不止步,稳定提升业绩

"倍增"永远是营销界的热词之一。营销是无限的,服务是无限的,营销的业绩提升也是无限的。通过前面的学习,我们的心态调整了、客户找到了、沟通通畅了、产品销售了、客户维护做到位了,接下来我们需要做的是什么呢?业绩倍增!

第 33 课
特色营销——量体裁衣，度身定做

以前客户到银行只是办理存款和贷款，现在客户办理的业务很丰富，包括新发可转换债券、上市、财务顾问、国际金融、金融理财、银行质押贷款、抵押贷款、保证贷款等多个方面，为了满足客户的不同需求，为客户量体裁衣、度身定做，就要进行个性化营销。

所谓"特色营销"，就是指客户经理在进行市场营销时，要根据不同客户的特点开展营销，提供特色服务，尽量满足客户个性化的金融需求，努力搞好客户资源的深度开发，以此来吸引和留住客户，进行金融产品与服务的营销。

特色营销六要点

客户经理为客户提供特色服务，运用特色服务策略时，要注意把握以下六个要点：

◎ 搞好价值分类

银行要为不同的客户提供不同的服务：为高价值客户提供个性化服务，为中价值客户提供差异化服务，为一般价值客户提供标准化服务。

按合作关系分类

按照客户与银行之间的合作关系，可以将客户分为四类：战略型客户、发展型客户、临时型客户、退出型客户。

战略型客户与银行是"婚姻"关系，与银行进行的是长期战略合作。银行可以将目标客户定位为大客户、中小客户、个人客户，但是无论银行定位如何，战略型客户都必不可少，这些客户是银行的赢利支柱。

发展型客户与银行是"恋爱"关系。银行与这类客户的关系就如同谈恋爱，需要先观察再做决定，是转为战略型客户，还是转为退出型客户。

临时型客户与银行是"交易"关系，银行与这类客户做的是临时交易，比如国际贸易交易、票据贴现交易、结算交易等，交易结束后，有的客户可升格为发展型客户，有的客户也就不用再与他维持合作关系了。

退出型客户与银行是"离婚"关系，银行决定退出与这类客户的联系。银行对信贷客户管理的最高水平在于退出水平，银行应该在客户还有偿还能力的时候进行战略性、前瞻性、策略性地退出。

按客户资产规模与增长潜力分类

客户经理可以依据客户现有资产规模与增长潜力两个维度进行客户分类。具体情况见表8-1：

表 8-1 客户分类表

客户分类	客户类型	客户特点	代表人群	客户定位
高价值客户	资产规模大，潜力大	有投资需求，希望银行提供帮助，资产可能分散在多家银行，深挖潜力巨大	在本行资产规模较小的大型法人及政府机关高管、中小企业业主	核心客户、顶端客户
高成长性客户	资产规模较大，潜力较大	重点提升客户，主要资产在其他银行，潜力很大	在本行资产规模较小的优质企业高学历、高工薪员工、自由职业者	成长型高端客户
中价值客户	资产规模中等，有一定潜力	资产多以存款方式存在，很保守或投资不依赖银行	在本行资产规模中等的大型法人及政府机关高管、员工	中端客户
一般价值客户	资产规模小，潜力低	资产多为多年积累所得，缺乏增值潜力，年龄普遍较大，投资行为较为保守	在本行资产规模达到贵宾客户标准的企业法人及政府机关员工	普通贵宾客户

◎ **掌握客户需求的类型**

目前，按照客户需求来划分，可以把客户分为贷款需求型、结算需求型、代收代付需求型、代理金融服务需求型、金融理财需求型、综合需求型等客户，客户经理要根据不同类型的客户提供度身定做的金融服务。

◎ **制订特色服务清单**

在对客户进行价值和需求分类的基础上，逐一列出客户个性化的金融需求、拟定金融服务方案、开具客户特色服务清单，提供特色服务。

特色服务清单的要素包括：客户名称，与本行业务合作现状，深度开发目标，特色服务的目标、内容、措施等。

◎ 签订特色服务协议

对于列入特色服务的客户，银行要本着银企双赢原则，与他们签订特色服务协议，将与客户建立战略联盟合作关系和业务深度开发目标作为协议的重要条款。

◎ 建立银企高层会晤机制

这是提升客户关系很重要的方法。客户经理要积极争取银行领导和客户部门领导的重视，与优良大客户建立高层会晤机制和固定联系机制，以达到交流情况、联络情感、提升关系的目的。

◎ 为客户战略发展和经营管理提供解决问题的"金融服务方案"

客户经理要认真研究对优良大客户发展有重大影响的新的效益增长点、新情况及新问题，充分利用银行各方面的优势，为大客户的发展战略和经营管理度身定做个性化的、科学的金融服务方案，不断深化银企合作关系，增加产品销售。

特色营销策略的运用

◎ 创新服务策略

在科学技术迅速发展的今天，在瞬息万变的金融市场中，商业银行想要站稳脚跟并获得持久性的业务增长，就必须不断进行产品开发和创新，及时为客户提供最新的金融服务。

创新服务策略的运用主要有以下三种方法：

创造新金融品种

这样做的目的是吸引更多的客户,从而在总体市场中占领部分市场,使商业银行在同业竞争中处于优势。具体来说,银行可以根据客户需求在金融产品服务的利率、期限、计息方法、附加服务、提款方式和转让性等构成要素上进行组合,开发出新的金融产品。

提供差异产品

这样做的目的是使客户感到一种金融产品服务在这家银行与其他银行有所不同,或者提供服务的数量和效率不同,或者办理这种金融产品与服务给客户的主观感受不同。这要求商业银行具有较强的管理效能和独特的经营作风,使本银行服务和产品的品种与众不同。

提升产品性能

首先要对现有金融产品进行整合包装,然后对现有金融产品的性能进行提升,增强大型客户资金的吸纳能力,实现开发新产品和完善、提升现有产品功能相结合。

◎ 综合营销战略

综合营销战略,也叫整合营销、一体化营销、交叉销售、系列化营销战略,即指通过向客户提供资产、负债、中间业务等系列化、一条龙、一站式的金融产品服务增加销售额。

在运用综合营销策略时,要把握如下两个要点:

实行"一户一案"

要根据客户需求,为目标客户量身定做金融服务方案,充分运用"方案营销",为客户提供个性化、差别化、系列化的金融服务。

将全面合作与发展目标列入合作协议

资产、负债、中间业务以及本外币业务的全面合作与发展目标都应该写入合作协议中，明确银企双方的权利和义务，以契约形式全面落实一体化营销战略。

扩大 AUM 值

◎ AUM 值的定义

AUM（Asset Under Management），即资产管理规模。资产管理规模是衡量金融机构资产管理业务规模的指标，是该机构当前管理客户资产的总市值。该指标主要适用于衡量基金管理公司，以及投资银行、商业银行或金融控股公司资产管理业务的规模。AUM 越大，说明其行业地位越强。如全球最大的金融机构瑞银、瑞信、花旗等 AUM 都在数万亿美元以上。在我国商业银行也称之为客户综合贡献度，即客户在银行存款和通过银行购买的各种投资产品等金融资产。投资主要包括基金、国债、黄金、保险及银行发行的理财产品。

◎ AUM 值的特征

AUM 值反映的不是普通客户，而是 VIP 客户；不是单一产品，而是综合产品；不是定性标准，而是定量标准；不是时点数字，而是日均余额；不是一次性考核，而是连续性考核；不是人工计算，而是 CRM 自动生成；不是个人维护，而是团队维护。

◎ AUM 值的好处

AUM 值价值大（综合价值）、成本低（无须开发）、风险小（成熟产品）、效率高（边际效率）、负债稳（日均余额）、资产强（高信用客户）、中收多（产品丰富）、服务广（多个领域）、黏性强（锁定客户）、品牌亮（市场形象）。

◎ AUM 值的营销流程

进行 AUM 值营销，首先瞄准目标（VIP 客户），然后进行产品排查（单一产品客户），指定专人（客户经理、大堂经理、理财经理），挖掘需求（潜在需求），对接产品（营销话术），交叉营销（营销技能），跟进服务（客户维护），锁定客户（黏性营销），最后系统考核（智能管理），奖励到人（激励机制）。

TIPS

◆ 特色营销，就是指客户经理在进行市场营销时，要根据不同客户的特点开展营销，提供特色服务，尽量满足客户个性化的金融需求，努力搞好客户资源的深度开发，以此吸引和留住客户，进行金融产品与服务的营销。

◆ 银行要为不同的客户提供不同的服务：为高价值客户提供个性化服务，为中价值客户提供差异化服务，为一般价值客户提供标准化服务。

第 34 课
互联网营销——在网络大海里航行

现代互联网十分发达,浏览信息、沟通交流十分方便,功能非常强大,客户经理应该充分运用互联网手段,实现业绩的有效提升。

不可或缺的互联网营销

互联网+,就是互联网+各个传统行业。但这并是不简单的两者相加,而是利用信息通信技术及互联网平台,让互联网与传统行业进行深度融合,创造新的发展生态。它代表一种新的社会形态,即充分利用互联网在社会资源配置中的优化与集成作用,将互联网的创新成果深度融合于经济、社会、金融之中,提升全社会的创新力与生产力。

互联网是一个很好的营销平台,互联网+营销的优势是无可替代的。银行客户经理如果能够运用好这个工具,就犹如迎风扬起风帆,为航行增加一份助力。

年近 50 岁的龚先生是一家开发区银行的高级客户经理,他营销服务的客户大都是世界 500 强与中国 500 强企业。今年他把目标客户定位于国际结算量超过 1 亿美元的跨国公司。

他打听到有家国际结算量超 10 亿美元跨国公司的财务总监刘先生不到 30 岁,是个典型的"潮人",从美国留学归来,办公用的是苹果电脑,包里装的是 ipad,手里拿着 iphone6,是个典型的"苹果控"。

于是,龚先生也买了一部 iphone6,开通了微博,还学会了用微信与朋友语音视频聊天。

前期准备工作做好以后,龚先生开始登门拜访刘先生,前三次拜访他完全未谈及业务合作,而是和刘先生谈论网络、博客、微博及微信等对现代人生活的影响。他夸刘先生的微博与微信写得有新意、有文采,还与刘先生在微信与微博上互加关注。

这些让刘先生大吃一惊:他没想到银行也有这样的"潮人",还是近 50 岁的"老潮人"。两人的关系渐渐亲密起来,联系越来越多。接着,龚先生提交了他为刘先生任职公司做的金融服务方案。经过半年时间的营销,这家跨国公司把基本账户转到了龚先生工作的银行,国际结算业务则从无到有,办理了 3 笔,合计 1.7 亿美元,授信总额度也达到 4 亿元人民币。龚先生的营销计划取得了全面成功。

◎ **互联网营销的优势**

有人说,客户经理只要进行电话营销和公关营销就足够了,不必再进行互联网营销,其实互联网的特点决定了互联网营销具有独特的优势:

互联网营销是开放的

银行网点营销在本质上是被动的,它们不得不等待客户上门办理业务。而互联网营销则是开放的,客户经理可以通过微信、微博、QQ、网站发送和传递信息,进行主动营销,并可以与客户长期保持日常联系,以鼓励他们继续与银行联系并购买金融产品和服务。

互联网营销是实时的

传统的营销过程较慢,而网络则是实时的媒介,几秒钟内就可以通知所有成员、潜在客户和现有客户。如当客户的贷款即将到期时,客户经理的微信、QQ、邮件就会通知他们;当银行有新的金融产品推出时,客户就会立即知晓;当客户有新的金融需求时,客户经理可以立即采取后续措施并及时反馈。

互联网营销的成本较低

客户经理可以通过网络定制一些自己需要的信息,这些信息很便捷,而且收费很低,甚至可以忽略不计。电子邮件的成本仅为邮寄和电话的一小部分,并且对于接收方来说更加方便。通过网络营销,银行既可以大大降低客户交流费用,也可以拥有更多的机会与客户进行更频繁、更个性化的交流。

互联网营销是可衡量的

手机上最多可以储存100个未接电话,前面的记录会被后面的覆盖。但是邮件或微信不会覆盖,可以永久保存,这样就能满足客户经理随时查看的需求。正因为有了现代技术,客户经理才能衡量和跟踪反馈活动并清楚地区分邮件是否发挥了作用。

◎ 互联网营销运用要点

互联网营销是非常好的营销方法，客户经理可以通过网络给客户发资料、资讯、金融服务方案、理财市场变化和笑话故事。

具体来说，互联网营销的运用要点有以下几个方面：

制订隐私政策并广而告之

实践证明，张贴隐私政策会使反馈率增加。隐私政策应该包括对建立信任事实的综合描述，以及客户信息将会应用到哪些方面和不会应用到哪些方面的清楚说明。为了使得隐私政策既是可见的，又是可行的，一定要在主网站、微信公众号、微信、调查页面和发送给客户的电子邮件中提供与政策面的链接。很多客户根本不会阅读隐私政策，甚至没有人会阅读两遍或三遍隐私政策，但是每次当客户与你联系时就能看到它，就会让他相信你会谨慎地对待信息。

让客户全面、简单地接近自己的信息

要鼓励客户主动管理个人信息，随时对信息进行增加或修改。可以把客户主页微信公众号与你的微信公众号主页面链接起来，在发送给客户的每条信息中，都要邀请客户检查并更新他们的信息，这将使他们更加明白对个人信息拥有控制权，从而认为有必要及时调整和你的关系，提升他们提供信息的质量。

不要轻易与他人分享客户的信息

作为客户经理，如果你出售或与他人分享客户的信息，一定要得到客户的允许，尊重他们的意愿。如果没有经过客户允许就与他人分享了该客户的信息，就会破坏客户对你的信任，也就失去了双方继续合作的基础。

互联网营销的意义

网络带给人的影响利大于弊，客户经理通过网络向客户营销，可以给客户留下美好的印象，可以培养客户长期的忠诚度，可以提供系列化的产品和服务，可以扩大银行的影响，这就是银行进行网络营销的意义所在。

◎ 留下美好的印象

网络营销的成本很低，通过网络营销，银行可以对客户加大投入，这样就会让客户感觉物超所值；网络营销很先进，能跟上时代潮流，通过网络营销，可以让客户感觉银行很专业，有助于提升银行在客户心中的形象。

◎ 培育客户长期忠诚度

网络联系很便捷，客户可以与银行随时随地进行联系，有利于银行客户经理及时解决客户的问题，将合作的隐患扼杀于摇篮中，有利于合作关系的保持，培养长期忠诚客户。

◎ 提供系列化的产品和服务

网络营销有助于银行为客户提供系列化的产品和服务。研究表明，客户使用银行的产品种类越多，客户流失率就越低，银行留存率就越高。所以银行要将产品和服务连接起来，让银行的产品逐步占领客户的工作与生活。使用了银行系列化的产品和套餐式的服务，客户就不会离开银行了，他一定会成为你的忠诚客户。

◎ 扩大银行的影响

要想扩大在客户中的影响,最直接的方法就是加大在客户生活中的出现率,这时互联网就显示了其独特的优势。客户打开微信、邮箱,就看到某某银行客户经理的微信、邮件,或者早上打开手机,就看到客户经理的祝福微信,客户就会感受到银行的关心。银行的形象出现在客户生活中的各个方面,银行对客户的影响就无处不在。

善用微信营销

微信营销是互联网经济时代企业或个人营销模式的一种。是伴随着微信的火热而兴起的一种网络营销方式。微信不存在距离的限制,用户注册微信后,可与周围同样注册的朋友形成一种联系,可订阅自己所需的信息。商家通过提供用户需要的信息,推广自己的产品,从而实现点对点的营销。

微信营销主要体现在以安卓系统、苹果系统的手机或者平板电脑中的移动客户端进行的区域定位营销,商家通过微信公众平台,结合转介率微信会员管理系统展示商家微官网、微会员、微推送、微支付、微活动,已经形成了一种主流的线上线下微信互动营销方式。

目前,微信平均日登录用户达到 6 亿人以上,这个数据非常惊人。银行客户经理要善用微信开展营销工作。

◎ 微信营销的优势

高到达率

营销效果很大程度上取决于信息的到达率,这也是所有营销工具最关注的地方。与手机短信群发和邮件群发被大量过滤不同,微信公众账号所群发的每一条信息都能完整无误地发送到终端手机,到达率高达100%。

高曝光率

曝光率是衡量信息发布效果的另外一个指标,信息曝光率和到达率完全是两码事,与微博相比,微信信息拥有更高的曝光率。在微博营销过程中,除了少数一些技巧性非常强的文案和关注度比较高的事件被大量转发后获得较高曝光率之外,直接发布的广告微博,除非是刷屏发广告或者用户刷屏看微博,否则很快就淹没在微博滚动的动态中。而微信是由移动即时通信工具衍生而来,天生具有很强的提醒力度,比如铃声、通知中心消息停驻、角标等,随时提醒用户收到未阅读的信息,曝光率高达100%。

高接受率

微信日均用户已达6亿之众,微信已经成为或者超过类似手机短信和电子邮件的主流信息接收工具,其广泛和普及性成为营销的基础。

高精准度

事实上,那些拥有粉丝数量庞大且用户群体高度集中的行业微信账号,才是真正热门的营销资源和推广渠道。这些精准用户粉丝相当于一个盛大的在线平台,每一个粉丝都是潜在客户。

高便利性

移动终端的便利性再次增加了微信营销的高效性。未来的智能手机不仅能够拥有PC电脑拥有的任何功能,而且携带方便,用户可以随时随地获取信息,而这会给微信营销带来极大的方便。

微信营销的最高境界是让你的员工成为你的宣传员,让你的产品成为你的宣传员,让你的客户成为你的宣传员,让你的粉丝成为你的宣传员。只要你把这四个方面做到位了,你的客户就会源源不断地到来。

◎ 微信营销的思维

互动思维：微信不是网站、博客，不要把微信当广告和宣传平台，互动才是王道；

客户思维：要提供给客户想要的内容，而不是你想要客户看到的内容；

价值思维：在你的微信上，客户要得到价值；

投入思维：要么投入时间、要么投入精力、要么投入金钱，或者三者都投入；

主动出击思维：客户不会主动找上门来，你要主动去找客户，吸引他们的关注；

结果思维：锁定目标、专注重复；打破惯性思维，不要将传统的营销理论照搬到微营销上。

◎ 微信营销的活动

结合热点事件新闻或节日；文案简单；图片有冲击力；奖品数量多；参与简单；借助大V及粉丝群推广；用核心产品做奖品形成钓鱼营销效益；不要给参与者购买压力；参与门槛低；规则简单明了；参与感强；有大的传播节点。

◎ 微信营销的成功要素

领导认同并支持；重视微信运营团队打造；微信定位：我是谁、用户为什么喜欢我；做好微信的准备工作：认证、头像、名称、微信号、引导关注方式、发布条数、发布时间、排版；微信内容建设：持续生产好内容的能力、好的主编、好的编辑、优质的信息源、优质的内容合作第三方；增加粉丝技巧：朋友圈内容传播、互推、入驻第三方平台、社群经济；保持持续学习的能力、执行力。

◎ 微信营销的主要方法

自建微信公众平台，建立客户资源整合平台，客户之间交换资源及提供免费信息发布，放大粉丝价值；建立客户微信社群，发起互动话题，建立起激励机制，并驱动客户拉粉丝进来，实现客户转介绍；在微信群里给潜在客户提供更多价值，如小孩教育、医疗、金融、理财、保险等；帮潜在客户建立微信公众平台，并教其运营实现价值，进而获得更多潜在客户；做好客户激励，让客户变成宣传员，实现微信粉丝增长及转介绍。

◎ 微信营销的主要能力

总结与归纳能力

总结与归纳就是能够从浩瀚的内容中总结出对自己有价值的东西并且能够很好地将其语言组织到位，同时融入自己的理念与观点。这是作为微信运营的第一个能力，也是考验基本功的能力。尤其是做微信公众平台的，你得每日去看看后台数据，看看粉丝情况，看看文章传播情况，总结出哪些地方做得好，哪些地方需要改善。

抓住重点能力

找到你平台独特的吸引点，而不是毫无规则地乱做内容，也就是能够迅速准确地在众多的微信用户，以及所发布的内容当中找到自己想要的，并且能够结合时下的热点及受众用户的兴趣，将其很好地用自己的话呈现在公众面前。同时要做到三点：精、细、美，这是微信内容运营最重要的三大核心。

积极思考能力

思考怎样让自己的内容更有价值,思考如何提高图文转化率,思考如何让更多人分享转发,思考如何吸引更多受众用户的关注,以及对该微信整体的策划与方针制定等。

不断学习的能力

学习不应只是停留在书本上,更应该是实战的,建议多去关注做得比较成功的微信平台,你关注50个平台就有50个老师教你,不断地去学习他们是怎么做的,把学到的东西运用到你自己的微信中。

建立关系的能力

现在,不是单打独斗的时代,你还在单枪匹马的话,迟早都会被抱团的人击败。现在的时代也是一个资源共享的时代,你要学会建立属于你自己的人脉圈子,建立你自己的资源圈子。你不仅要建立与粉丝之间的关系,也要建立与同行或者其他微信运营者之间的关系,还要建立与其他一些网络平台的运营者、管理者之间的关系,方便以后需要。

了解受众兴趣的能力

除了通过活动和调查的方式,还可以利用微信平台中的数据统计了解受众的兴趣。了解受众兴趣的能力不仅可以让你快速了解你的用户,还可以从中捕捉到很多信息,比如说你今天发布某篇文章被疯狂地转载,或者发布的某些文章阅读量大增,这些你都要去了解并且不断地进行总结。

定位与分析能力

定位是非常重要的,也关系到一个公众平台的兴衰存亡。只有定位好你的公众平台,才能创造出更大的价值,否则盲目地去做,运作起来就会很艰难。定位好,才能运作得更加顺畅!客户经理要有面对整个局面及银行本身的定位特点来进行银行微信定位分析的能力，从银行本身、金融行业特点、当下市场、受众用户等各方面进行全方位分析，最终完成定位。一个成功的微信平台必须要有以下九大定位：账号定位、人群定位、产品定位、推广定位、时间定位、运营定位、竞争定位、成本定位和赢利定位。

品牌树立能力

微信公众平台提供了良好的商机，不仅能更好地推广自己的品牌，还可以为银行创造品牌。

综合推广能力

有了平台，没有推广，仅靠自然增长，是非常缓慢的，运营几个月也只是一天增加几十个粉丝而已。当改变运营策略，主动用各种方法去推广平台，一天增加2000多粉丝不是什么问题，而且粉丝都是行业精准用户。综合推广能力对于微信平台的发展非常重要。

TIPS

◆ 互联网是一个很好的营销平台，互联网营销的优势是无可替代的。客户经理应该充分运用互联这个手段，实现业绩的有效提升。

◆ 传统的营销过程速度较慢，互联网营销可以在几秒钟内通知所有成员、潜在客户和现有客户，不仅成本低，而且方便、快捷。

◆ 客户经理运用互联网营销手段时，一定要注意：没有经过客户允许，便和他人分享客户的信息，会破坏客户的信任度，也将失去双方继续合作的基础。

第 35 课
创意营销——小小的改变，大大的不同

创新是市场营销的永恒主题。商业银行生存需要创新，发展需要创新，走向国际大市场需要创新。现今企业和金融界最大的特征就是需要不断地创新，无论是在客户服务方面，在产品性能方面，还是在附加价值方面。这就要求客户经理开动脑筋，做创意营销，用小小的改变，创造大大的不同。

颠覆传统才能取胜

人们总是喜新厌旧，对司空见惯的事物不感兴趣甚至忽略，喜欢追求新奇的、不断变化的事物。客户经理要想抓住客户的心理，就要适时变化、不断创新，以求新鲜，包括新鲜的衣着、新鲜的态度、新鲜的谈吐、新鲜的话题。在市场上，唯有持续不断地创新，才能击败竞争对手，占领更多的市场，获得更高的利润。

第八章
永不止步，稳定提升业绩

◎ 创新是制胜利器

成熟的、成功的客户经理都有一个共同的特点，那就是在营销生涯中逐渐形成了具有自身特点的营销哲学和营销方法。这种风格的形成，源于客户经理的创新思维，即创新营销。

创意营销，也叫作颠覆营销、反传统营销。它的特点是有三个领先：第一，思想领先，别人想不到的事情，你想到了；第二，行动领先，别人想到的事情，你已经做到了；第三，思路领先，别人做到的事情，你换个方式做。"一招鲜，吃遍天"已经过时了，现在提倡"招招鲜，吃遍天"，就是要求客户经理打开思路，敢做敢想。

创新营销要贯穿整个营销过程——从开发客户、接近客户、与客户面谈直到与客户签约、客户维护的整个过程。创新使得客户经理可以在营销的每个环节节省大量时间，争取以最短的时间与目标客户签约，从而不断提升业绩。

◎ 创新要持续

发明不是创新，将发明的东西转化为市场需要的产品才是创新。对于客户经理来说，创新并不需要全新的东西，而是比竞争对手好10%就行。100%的创新也许并不能打动客户，比原来好10%的创新却可能会得到很好的回应和肯定。所以，客户经理要每天不断地创新，不断地改善，保持创新的脚步比对手快，这样才能取得最终的成功。

创意虽小力无穷

营销要有创意，唯有创意才能制胜。营销同样的产品，有时就是一个小创意，营销就取得了成功。一句话、一个比喻、一个故事、一封信函（电子邮件）、一个思路、一个玩笑……都可以对客户经理的营销有极大的帮助。

◎ 猜年龄

客户不仅需要服务，也需要笑声，有时候客户最后能记住的往往是客户经理讲的几段风趣的笑话。幽默是最有效的接近工具，笑话会帮助客户经理消除客户的戒心，从而促成交易。

小李是一位有5年银行营销工作经验的客户经理。

7月下旬的一天，小李去拜访一个大客户。这个客户在小李所在的银行有3亿元存款，但是据小李了解，他还有2亿元存款存在其他银行。

事前，小李对客户做了周密的调查：财务处有7个人，处长姓张，是个女的，年龄41岁。

财务处的人很多，每个人都在忙着自己的事情。为了引起注意，小李大声地对张处长说："张处长，您好！我是××行客户部经理，姓李。"

"你好，小李。你们行是我们公司的主办行，我们的基本账户和大部分存款都在你们那儿！"

寒暄过后，小李开始了他的创意营销："张处长，我做了5年营销，长期与客户打交道，学会了一门专长，从来没有失败过。"

"什么专长？"

"看相猜年龄。"

张处长说："怎么可能？你肯定是在吹牛。"

"这样吧，张处长，我从您的年龄开始猜，如果我猜对了，你们请我喝茶，猜错的话，我请你们7个吃哈根达斯冰淇淋。"

第八章
永不止步,稳定提升业绩

"那就一言为定,不过你肯定会输的。"

"那可不一定。好,从您开始。张处长,您今年最多35岁。"其实小李知道张处长已经41岁了。张处长保养得很好,看上去确实显得年轻,小李只是稍微有点夸张而已。

张处长听后很高兴,说:"你猜错了,我都年过40了。看来你得请客了!"

"张处长,我肯定没猜错,您顶多35岁,要不您证明给我看看。"

张处长掏出身份证给小李看,小李只用了5秒钟就记住了张处长的生日,然后一边递还身份证一边不好意思地说:"我今天怎么会失手呢?说明您看起来确实年轻啊!"

财务处7位工作人员的年龄,小李猜对了3个、猜错了4个(有意为之)。

小李说:"我去买哈根达斯,不过我真不明白,我怎么会猜错呢!"

小李一走,财务处的7个人纷纷议论:"这个小李真有点意思!"

小李买回7个哈根达斯冰淇淋,和大家在很轻松的氛围中聊了很长时间,拉近了距离。更有意思的事情发生在20天以后,那天是张处长的生日。小李和两位漂亮的女同事带着最好吃的水果蛋糕,唱着生日歌敲开了张处长办公室的门。张处长接过生日礼物,感动地问:"小李,你怎么知道我今天过生日?"

……

最后,张处长又将1.5亿元的存款转到了小李所在的银行。

做营销要用小技巧,在上面的案例中,小李通过猜年龄的小游戏,不仅拉近了与客户的距离,还知道了客户更多的信息。

◎ 见"父母"

营销的成功是努力拜访的结果，营销的失败，则是落于俗套的后果。一次成功的营销，往往是由创意的开场白开始的。

客户经理："刘处长，您好！今天我专程来拜访您，想了解一下您对通过网上银行实现企业理财的看法。"
目标客户："这么多的客户，你为什么偏偏来拜访我啊？"
客户经理："因为您是我的'父母'，我是来面见我的'父母'啊！"
目标客户："什么？我怎么会是你的父母呢？"
客户经理："优质客户都是银行的'衣食父母'，没有优质客户，商业银行便不能生存。您是企业界最讲诚信的企业家，所以我今天是专门来拜访我的'父母'的。"

客户经理笑了，客户经理的"父母"也笑了，商谈的气氛也就融洽了，成交也就为期不远了。有创意的小幽默无处不在，客户经理用小创意就可以打破坚冰，成功营销。这种方法特别适合年轻的客户经理面对年长的客户代表。

◎ 还钱

独特的开场白，有创意的开场白，是打开客户心门的第一把钥匙。

有一天，客户经理小孙去××财务处进行陌生拜访。
财务处的办公室门外写着几个大字——谢绝推销。
小孙犹豫了一下，很快调整好心态，推开了门。当小孙点头、微笑、问好、递名片时，办公室里的一位男士打断了他，严厉地问："你是哪家银行的？我们的钱都存进银行了，也不需要贷款了，你走吧！"

小孙听到这些话，念头一转，马上说："存款？贷款？我今天是来还钱的。"

"什么还钱？你们银行什么时候欠我们的钱了？"

"对啊，我们银行欠你们的钱。"

客户示意小孙坐下说，小孙说："你们单位没有使用我行的现金管理业务，导致贵单位的财务成本没有降下来……"

在上面的案例中，小孙的话从一开始就引起了客户的兴趣，客户接受了客户经理，也就是接受了客户经理代表的银行，想营销就变得容易多了。这就是创意营销。

每个人都有自己的个性，也有不同的接近客户的方法。作为客户经理，只要不断地去练习，不断地去创新，找出一个适合自己的方法，创造自己的特色，就一定会有不一样的收获。

TIPS

◆ 商业银行的生存需要创新，无论是在客户服务方面，在产品性能方面，还是在附加价值方面。这就要求客户经理做创意营销，用小小的改变，创造大大的不同。

◆ 成熟的、成功的客户经理都有一个共同的特点，即具有自身特点的营销哲学和营销方法。这种风格的形成，源于客户经理的创新思维，即创新营销。

◆ 作为客户经理，只要不断地去练习，不断地去创新，找出一个适合自己的方法，创造自己的特色，就一定会有不一样的收获。

第 36 课
团队营销——团结就是力量

一根筷子很脆弱,一个年幼的孩子就可以轻易地折断它;如果换做一把筷子,一个健壮的成年人也很难拗断它们,这就是团结的力量。市场营销不是客户经理一个人的事,无论是营销初期和客户建立联系,还是后期进行客户维护,都需要团队的支持。所以,商业银行的客户经理必须具备团队精神,牢记:我不是一个人在作战,我背后还有领导和同事的支持,我们是一个团队,我们无坚不摧。

团队作战,协同销售

单兵作战营销的时代已经一去不复返,如今银行营销已经进入团队作战、协同销售的时代,最大的特点就是法人营销、团队营销,银行客户经理不再是单独一个人在战斗,而是一群人在合作。

过去人们常说:"火车跑得快,全靠车头带。"这是在传统火车时代,进入高铁时代,每节车厢都是动力源。领导带动加员工自我驱动,"火车跑得快,要靠车头带",把每个员工都作为动力源。互相补充,共同发财;互相拆台,共同垮台。

◎ 团队不等同于群体

从根本上说,团队不同于群体。首先,团队是由两个人以上组成的,在各自分工的基础上,为着共同的目标相互协作以追求整体利益的组织或集体。其次,团队是以任务为导向的,由许多具有不同但能互补的知识与技能的人组成的。

工作团队最突出的特点就是团队中的协同配合及各工作人员的归属感(如图8-1所示),能够培训人们的灵活性、参与感和高效率,这就是团队精神的体现。引入团队工作的方法可以极大地改善企业的管理方式,有效地调动员工的工作积极性,达到激励员工的目的。

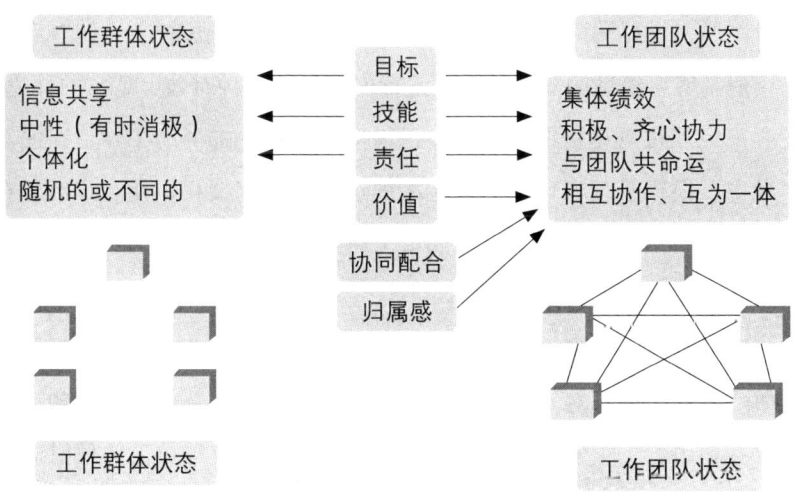

图 8-1 工作群体与工作团队的区别

◎ 建设高绩效团队

没有完美的个人，只有完美的团队。一个人不可能完美，但一个团队可以做到完美。客户经理要注重培养自己的团队精神，发挥自己在团队中的带头作用，组建一支高绩效团队。

一个好的团队，应该具有如下特点：

首先，共同的价值取向。团队为客户、银行和员工三方创造价值，是三重价值的体现。银行营销不能单打一，营销中的团队人员要有共同的价值取向。

其次，共同的目标。团队中的成员要有共同的目标，包括愿景目标和短期目标。

再次，明确的分工。团队中的成员要有明确的分工，各司其职有利于提高工作效率。

最后，良好的协作。团队与个人最大的不同就是协同作战的强大力量，要建设好团队，最主要的就是要形成良好的协作。

建立客户经理团队，就是在银行内部创造一种有效、适宜的环境，使客户经理可以尽可能地发挥自己潜能，从而更加努力工作。在团队管理中，银行管理者可以尽可能多地进行委托和授权，使客户经理在从事自己的工作时可以有足够的权力就其工作做出必要的决策，确保高效率地完成团队的工作任务。

对于客户经理来说，要将观念从"部门银行"变为"流程银行"。比如，银行公司部客户经理不能只做公司业务，也要做个人金融、国际业务和银行卡；个人客户经理不能只做高管人员与员工的理财，也要做这家公司的存款与贷款及理财。这就要求客户经理提高业务素质，能够独当一面。

第八章
永不止步，稳定提升业绩

FD集团总部设在H省W市，该公司与外商合资，是拥有全系列卡车、客车、轻型商用车及乘用车产品的中外合资企业。FD集团向当地四家大型商业银行发出了资本金账户主办行竞标的邀请函，一时间，当地金融机构之间硝烟四起。

H行也是众多参与竞标的金融机构之一。经过研究，H行认为：FD集团是一家体系庞大、机构众多的企业，其生产基地和销售网络散布全国，采用的是多级清算的集团化财务管理模式，企业迫切需要一家金融机构，为其解决管理链条长、层次多、资金分散占用、销售回笼慢等一系列问题。换言之，谁能够迅速整合资源，将银行上下一体的系统优势、遍及全国的网络优势和调剂自如的资源优势转化为FD集团自身的管理优势，谁就能够在竞标中胜出。

团队营销前奏战：FD集团的金融需求非常复杂，单兵作战肯定无济于事，必须采用联合营销的模式实施集团作战。H行首先制订了"定目标、定方案、定费用、定奖惩"，以及"优先保证信贷资源、优先配置专项费用、优先解决科技需求、优先配备人力资源"的"四定四优先"竞标工作方针。

机制的转变，强化了责任意识，激发了营销的活力，巩固了联合营销体制。紧接着，由H行上级行出面牵头，打破部门分工、行际分离，对全行机构资源、业务资源、科技资源和人力资源进行打包再整合，在第一时间成立了竞标特别行动队，团队上至总行，下至支行，涵盖了各层次各专业人才。

在上级行的直接领导下，该行印发了《关于成立FD集团营销服务团队的通知》和《关于抓紧做好FD集团营销工作的通知》，明确了团队职责，营销领导小组主要负责对FD公司重大项目营销的组织领导、政策支持和内部协调,研究解决营销工作中遇到的新情况和新问题等;营销推进小组由主要负责FD公司重大项目营销的具体推进、指导和实施等;客户经理小组由省分行、相关二级分行和支行选派的4名业务骨干组成,专职负责日常营销、维护和管理及业务承办等具体工作。

营销前期,H行上级领导亲自拜访FD集团分管财务的副总经理,表达合作意愿,起到了积极的推进作用。

团队营销外围战:FD集团的外资主办银行是××银行,为此,由H行国际业务部门团队出马,与其签订了全面业务合作协议以及人民币代收代付、QFⅡ代理清算等专项协议,争得了外资银行的支持。在国内递交方案的关键时刻,H行驻国外代表处紧急出动,专程拜访FD集团的外方财务部长,再次表达合作诚意,赢得了集团外方的高度认同,营销外围战全线突破。

团队营销迂回战:为延伸金融服务链条,H行围绕汽车行业产业链实施了连锁营销,与FD集团的零部件生产供应企业和汽车经销商展开了全方位的合作,打起了迂回战。先后与FD集团合作开办了汽车金融服务网络业务、汽车消费贷款业务,商业承兑汇票业务、贴现业务、外汇业务、卡业务、网上银行业务等,业务涉及全国20多个省市,入网经销商达到54家,为H行带来了丰厚收益。

团队营销攻坚战:外围战和迂回战的全面胜利形成了四面合围之势,为主战役的胜利奠定了坚实的基础。为客户量身定做高质量的金融服务方案,是客户了解银行、选择银行的重要途径,也是H行抢占市场,赢得客户的重要手段。

H行在为FD集团制订"一对一"金融服务方案时,抓好了三个关键点：第一，透彻理解客户需求，使方案具有针对性。组织专职人员，广泛收集有关情报，深入分析汽车行业的发展趋势，认真研究FD集团经营现状和存在的问题，并通过加强对FD集团重点部门负责人和重点经办人的沟通与感情联络，透彻了解客户的实质性需求和不同阶段的侧重点，确保提供给FD集团的金融服务综合方案和单项服务方案都具有针对性。第二，突出优势和特色，使方案具有竞争性。立足全行实际，紧扣客户需要，有机整合全行产品和资源，突出该行优势和特色，创造性地为FD集团的具体项目提供"一对一"个性化解决方案。先后为FD集团制订和提供了系列金融服务方案，其浓郁的特色感和新颖性，均引起了客户的高度关注，赢得了客户的好评，有效地增加了竞争砝码，增强了竞争优势。第三，确保质量，使方案具有可操作性。在制订具体金融服务方案时，以省分行客户部门为主体，从科技、会计、国际业务等部门及基层行选调业务骨干，成立FD集团金融服务方案制作小组，在全面研究客户的实质性需求的基础上，多次组织集中讨论，明确方案主题、结构和主要内容，同时落实个人责任制，分工负责，限期完成。政策不明朗的，及时向上级行请示，科技支持不全面的，迅速组织技术人员开发。

服务方案初稿形成后，先由制作小组反复斟酌，并请有关专家予以论证，然后提交相关领导和部门讨论、修改、审定，规范的程序，严密的组织，确保了方案具有可操作性。细节决定成败，好的方案，还需要有精彩的推介。

H行陈述小组多次的模拟演练、彻夜反复的推敲和精心、充分的准备，使现场路演成为一场生动的展示会，谈判小组讲解流畅，解答机敏，妙语连珠，声音、文字、图像和色彩有机结合，相得益彰，赢得了客户的高度评价。H行以第一名的成绩成功中标FD集团美元外汇资本金账户，并与FD集团签署了银企全面合作协议和金融服务网络协议，建立了全面的战略合作关系。与FD集团的合作，使H行在授信、汽车消费贷款、存款和综合创利方面均有较大增长。

攘外先安内

商业银行的内部关系主要是指银行内部各职能部门之间、各员工之间及上下级之间、各分支行之间的关系。商业银行市场营销有赖于全行的努力，只有在全行形成"客户部门代表为客户服务、各个部门为客户部门服务，客户部门代表银行为客户提供服务承诺、各个部门为客户部门提供服务承诺"的"两个服务，两个承诺"的内部营销理念和机制，才能使商业银行的营业目标和员工利益相协调，创造良好的内部营销环境，形成团队力量。所以说，攘外必先安内，客户经理要十分注重内部营销。

有人说内部营销比外部营销更难，其实是没有找对方法。一般来说，内部营销应从以下几个方面着手：

◎ 对领导营销，获得本银行领导更多的支持

营销领导是指多汇报，让领导知道项目的重要性，并明确此项目是否需要他亲自出面，必要的时候可以邀请领导帮助营销。领导在客户心目中的分量比较重，营销的成功率比较高，而且领导出面促成这个项目后，客户经理的业绩也会得到提高。比如，"刘行长，这个项目是我们吃饭的工程啊，这个项目如果能够成功拿下，咱们银行今年

的利润可以增加百分之几十。刘行长，您是我们的品牌，这个公司的董事长只答应见您，只要您一出面，这个客户一定能搞定！"

有人说，银行要做对等营销，就是说要厅长见厅长、处长见处长、科长见科长，这个观点已经过时了。银行里不能有官本位思想，"我是行长""我是处级""我是厅级"，这些观念都是极端错误的，客户是银行的衣食父母，所以银行的领导在营销中要放下架子、放低姿态。银行的行长和处长可以出面接触客户各项业务的具体办事人员，让客户感到被尊重，物超所值，这叫作"超级营销"。

◎ 对部门营销，获得本银行各部门更多的支持

在本银行内部，客户经理也要关注到其他部门的贡献，对其他部门的帮助表示感谢。比如，客户经理要对信贷管理部门说："王总，多谢您啊，这个项目多亏您审批得快，连客户都说我们现在的办事效率提高了。"只要善于发挥"团队精神"，你就会发现可利用的资源非常多。

◎ 对同事营销，获得本银行同事更多的支持

银行客户经理要在适当的时候赞美同事，比如说："小万，最近你的客户意见反馈越来越好了。客户都说你不仅人长得漂亮，服务态度也很好，办业务的效率也很高。"听到这些话，小万会觉得自己在网点柜台的工作也很有价值，在必要的时候会十分配合你的工作。

◎ 对系统营销，获得本银行系统更多的支持

全国银行是一家，每家银行在全国都有很多分支机构，系统内部帮忙的成本很低，可利用的资源非常之多。所以客户经理要充分利用系统资源，发挥本银行系统的优势和整体功能，让全行系统为一个客

户服务。

比如，浙江的老板到陕西去投资，如果这个老板是你这家银行系统的客户，陕西的银行客户经理就可以找浙江的同行出面与客户沟通，利用银行系统内部的资源，取得营销这个项目的优先权，提高营销的成功率，并降低营销成本，达到事半功倍的营销效果。

TIPS

◆ 市场营销不是客户经理一个人的事，无论是营销初期和客户建立联系，还是后期进行客户维护，都需要团队的支持。单兵作战营销的时代已经一去不复返，如今的银行营销进入了团队作战、协同销售的时代，最大特点就是法人营销、团队营销。

◆ 没有完美的个人，只有完美的团队。每个员工都是动力源，一个人不可能完美，但一个团队可以做到完美。客户经理要注重培养自己的团队精神，发挥自己在团队中的带头作用，组建一支高绩效的团队。

◆ 只有在整个银行形成"客户部门代表为客户服务、各个部门为客户部门服务，客户部门代表银行为客户提供服务承诺、各个部门为客户部门提供服务承诺"的"两个服务，两个承诺"的内部营销理念和机制，才能使银行的营业目标和员工利益相协调，创造良好的内部营销环境，形成团队力量。

后 记

发现自己——你一定能成为优秀的银行客户经理

"学"的目的在"用",成功的关键在于行动。通过前面的学习,我们有了战胜自己、锻炼自己、提升自己的理论基础,但这远远不够,还要做到学以致用和用以致学。营销要和市场对接、工作要和领导对接、学习要和老师对接。对接就是理论与实践的融合、战略与战术的结合、目标与措施的配套。只有勇于实践,才能真正成为一个优秀的营销高手。

在本书的最后,我送给大家十件礼物,希望可以给大家带来启发。

第一件礼物,心态决定命运,成功在于觉悟。一个人的命运是好是坏,关键在于自己的心态,命运掌握在自己的手中。

第二件礼物,优秀是一种习惯,不是做给别人看的。要把学习、工作和娱乐当成一种享受。优秀是一种习惯,学习与工作是为了提高自己的生活质量,不是做给别人看的。

第三件礼物,生命是一种过程,享受每天、每时、每刻。做人不要过于追求结果,因为每个人都有一个共同的终点,那就是死亡。在人短短的一生中，只有聪明人懂得享受过程。有人因为只考上普通大学而沮丧，浪费了宝贵的大学四年，其实只要换一种心态，就可以享受不一样的生活。

第四件礼物，把愉快的心情传递给接触到的每个人。银行客户经理要用热情感染自己的家人和客户，要让自己成为照亮身边其他人的太阳，给大家带来光明和温暖。

第五件礼物，主动性、创造性的学习和工作是领导型人才的显著特征。一个人要想成为领导型的优秀人才，必须具备这两大特征，努力培养自己的主动性和创造性。

第六件礼物，两点之间不一定是直线最短。在数学定理中，两点之间直线最短，但是做营销有时要学会走弯路，就像在大城市里开车，有时候绕道行车是最佳的捷径。人生不要惧怕挫折，挫折等于存折，无论什么样的经历都会变成自己的经验。

第七件礼物，放弃是一种大智慧。舍得，就是有舍才有得；痛快，就是有痛才有快。在人生中，适时地放弃也是一种大智慧，每个人都要禁得起诱惑，耐得住寂寞。

第八件礼物，任何问题都是有解决方案的。问题就是答案，一个人只要有坚韧不拔的毅力和坚定的信心，终将找到成功的方法。

第九件礼物，开口就有机会。客户经理必须张开嘴，迈开腿，抢客户，做交叉，创价值，控风险。开口开口，业绩到手。客户经理不主动开口，营销就永远没有成功的机会。

第十件礼物，梦想有多大，成功就有多大。心有多大，舞台就有多大。心想，才能事成。要敢想、敢做，放手一搏，创造属于自己的美好明天。

命运掌握在自己手中，祝愿每一位阅读本书的人能够取得骄人的业绩，创造辉煌的人生。